라커룸 리더십

라커룸 리더십

존 고든, 마이크 스미스 지음
이지연 옮김

Culture

Contagious

Consistent

Communicate

Connect

Commitment

Care

성공하는 조직은 뿌리부터 진화한다

감사의 글

언제나 나를 위해 그 자리에 있어주는 줄리,
존과 이 프로젝트를 추진하는 동안 참을성 있게 기다려준 로건,
사랑으로 이끌어주시는 어머니, 아버지,
내가 지도하고 함께 일했던 모든 선수, 코치 및 스태프 여러분,
미식축구라는 위대한 스포츠를
더 잘 알 수 있게 도와주어 감사합니다.

마이크 스미스

라커룸 리더십

내 평생의 팀메이트가 되어준 캐스린,

내가 더 훌륭한 코치이자 부모가 될 수 있게 도와준 제이드와 콜,

나를 믿어주신 어머니, 아버지,

내게 자신의 경험과 지혜를 나눠준 수많은 리더와 코치, 팀들,

모두 모두 감사합니다.

여러분이 없었다면 이 책은 나오지 못했을 겁니다.

존 고든

나는 32년을 코치로 살았고, 그 중 절반을 NFL(미식축구 프로 리그)에서 보냈다. 볼티모어 레이븐스^{Baltimore Ravens}의 코치진으로 있을 때는 슈퍼볼[1] 우승을 맛봤고, 애틀랜타 팰컨스^{Atlanta Falcons}의 감독으로 있을 때는 간발의 차이로 슈퍼볼까지는 못 갔다. 5년 간 우리 팀은 NFL에서 두 번째로 많은 승수를 올렸다. 이 기간 동안 우리보다 많은 승수를 챙긴 팀은 빌 벨리칙^{Bill Belichick}이 이끈 뉴잉글랜드 패트리어츠^{New England Patriots}뿐이다. 나는 또 팰컨스에서 마지막 두 시즌 동안 통산 10승밖에 거두지 못해서 경질된 감독이기도 하다. 뒤돌아보면 처음 그 다섯 시즌과 마지막 두 시즌이 어떻게 달랐는지는 분명하다. 우리가 왜 이겼고 또 졌었는지 지금은 이해할 수 있다. 존과 내가 이 책을 쓴 것은 여러분

---

1. NFL 토너먼트 최종 결승전. 미국의 연중 스포츠 행사 중 가장 큰 이벤트이다.

이 이기는 팀을 만들 수 있도록 돕고, 나를 포함한 수많은 리더들이 범하는 실수는 피할 수 있게 하기 위해서다. 존과 나는 결과가 아닌 과정에 초점을 맞출 때 성공할 수 있다는 얘기를 자주 한다. 경기를 시작하기도 전에, 제대로 된 조직 문화와 리더십, 기대치, 신념, 마음가짐, 인간관계, 습관을 정착시키는 과정에서 승부는 이미 결정된다. 이기고 싶다면 라커룸에서 먼저 이겨야 한다. 그러고 나서야 경기장에서도 이길 수 있다.

존과 내가 서로 알고 지낸지도 벌써 10년이 지났다. 우리가 처음 만난 것은 내가 잭슨빌 재규어스Jacksonville Jaguars의 수비 코치로 있을 때 수석 트레이너였던 마이크 라이언Mike Ryan의 소개를 통해서였다. 당시 우리 팀은 모두 존의 책 『에너지 버스』를 읽었고, 트레이닝캠프 때는 존이 우리 팀에 와서 강연을 해주었다. 우리는 정말 대단한 한 시즌을 보냈다. 플레이오프에 진출했고, 첫 라운드에서 피츠버그 스틸러스Pittsburgh Steelers를 무찔렀다.

이듬해 애틀랜타 팰컨스의 감독이 된 나는 『에너지 버스』와 존을 팰컨스에도 소개해야겠다고 생각했다. 나는 모든 팀원에게 『에너지 버스』를 읽게 했고, 존은 우리 팀에 와서 강연을 해주었다. 우리는 『에너지 버스』에 나오는 여러 원칙들을 집중적으로 실천했다. 그전 해에 4승 12패라는 참담한 성적을 기록했던 우리 팀은 이번에는 11승 5패라는 우수한 성적으로 플레이오프까지 진출했다. 어떻게 이런 놀라운 반전이 가능했는지는 잠시 후에 자세히 이야기할 것이다. 우선 여기서 밝혀두고 싶은 것은 존과 내가 여덟 번의 트레이닝캠프를 함께 하면서 해마다 '7가지 법칙'을 통해 훌륭한 팀을 만들고 라커룸에서부터 이기자고 이야기했다는 것이다. 7가지 법칙 중에는 내가 특별히 좋아하는 것이 있고, 존이 좋아하는 것이 따로 있다.

나와 함께 협력한 이후 존은 NFL과 MLB(메이저리그 야구), NBA(미국 프로농구), NCAA(미국대학체육협회)에 속한 수많은 팀에 조력을 제공했다. 그 과정에서 존은 운 좋게도 다른 감독들은 어떻게 팀을 만들어 가는지 지켜볼 수 있었다. 그리고 그 과정에서 수많은 지식과 성공 사례를 수집했다. 존은 자신이 만든 7가지 법칙에 큰 열정을 갖게 됐고, 나는 내 나름으로 효과를 목격해서 좋아하게 된 존의 몇 가지 법칙들에 확신을 갖게 됐다. 존과 나는 어느 법칙이 제일 중요한지에 관해 종종 설전을 벌이기도 했다.

팰컨스에서의 마지막 해가 지나고 우리는 처음 다섯 시즌과 비교했을 때 마지막 두 시즌에는 대체 무슨 일이 있었던 것인지 헤아려보았다. 그리고 라커룸에서 이기려면 의심의 여지없이 팀 문화가 가장 중요하다는 사실을 깨달았다. 그러니 거기서부터 시작해보자. 존과 나는 이기는 팀을 만드는 방법에 관해 우리가 아는 것을 모두 털어놓을 것이다. 여기에 털어놓는 것들이 여러분의 팀을 발전시키고 성장시키는 데 도움이 되기를 진심으로 바란다.

마이크 스미스

차례

CULTURE

1장

이기는 문화를 만들어라

문화가 기대와 신념을 만든다.
기대와 신념이 행동을 만든다.
행동이 습관을 만든다.
습관이 미래를 만든다.
그 모든 시작은 문화다.

이기는 문화

마이크 스미스

2008년 1월 나는 애틀랜타 팰컨스의 감독으로 부임했다. 감독이 새로 온다는 것은 대부분 팀이 썩 좋거나 안정적인 상태는 아니라는 얘기다. 이제 막 슈퍼볼에서 우승하고 황혼 속으로 총총히 사라진 감독을 대신해 새로운 감독을 임명하는 경우란 좀처럼 없기 때문이다. 23회 슈퍼볼이 끝난 후의 빌 월시 Bill Walsh 나 40회 슈퍼볼이 끝나고 한 시즌만 더 맡았던 빌 카우어 Bill Cowher 같은 사례는 극히 예외적인 경우다. 내가 감독으로 임명되었을 당시 애틀랜타 팰컨스도 여러 소용돌이를 겪은 후였고, 창단 이래 성적은 계속 오르락내리락 하고 있었다. 애틀랜타 팰컨스는 42년 역사 동안 한 번도 2년 연속 위닝 시즌[2]을 가져간 적이 없었다. 팰컨스는 언제나 이런저런 이유로 꾸준한 성적을 내지 못

---

2. 정규 시즌 동안 이긴 경기의 수가 진 경기보다 많은 시즌.

했다. 한 예로 2000년부터 2007년까지 팰컨스는 5명의 감독이 거쳐 갔다. 2007년은 특히나 힘든 해였는데, 첫 번째 감독이 시즌의 4분의 3이 지난 시점인 12경기 만에 사임하고 대학 리그로 돌아가 버렸던 것이다. 게다가 팀의 간판이자 NFL에서도 가장 인기 있는 선수 중 한 명이었던 쿼터백[3]이 감옥에 갔다. 어느 것 하나 팰컨스 구단주나 경영진의 잘못은 아니었지만, 극도로 불운한 사건들이 이어지다보니 팀 환경은 열악하다 못해 제대로 돌아간다고 할 수가 없는 지경이었다. 팀 문화가 다 무너진 것은 말할 것도 없었다.

존과 나는 전화로 팰컨스의 상황에 대해 여러 차례 이야기를 나누었다. 그 과정에서 분위기를 반전시키려면 가장 먼저 팀 문화부터 일신하는 데 초점을 맞춰야 한다는 것이 분명해졌다. 감독인 나는 당연히 전략적인 부분부터 손대고 싶었고, 또 신입 단장인 토머스 디미트로프Thomas Dimitroff와 함께 다음 시즌 로스터 (선수 명단)도 어서 빨리 조정하고 싶었다. 하지만 나는 알고 있었다. 최우선적으로 해결해야 할 가장 큰 문제는 '이기는 문화'를 만드는 것이라는 사실을 말이다. 그래야만 모두가 그 문화 안에서 성장하고 자신의 한계를 뛰어넘는 기량을 발휘할 수 있었다. 그러려면 팀뿐만 아니라 조직의 나머지 부분에도 꼭 맞는 문화를 만들어야 했다.

---

3. 미식축구에서 경기 중에 공격을 총지휘하는 팀의 핵심 선수.

위에서 아래로, 아래에서 위로

마이크 스미스

문화는 위에서 규정되고 만들어져 아래로 전파되지만, 문화가 정말로 살아 숨 쉬게 되는 것은 아래에서 위로 전해질 때라고 나는 항상 생각해왔다. 이 말은 곧 우리 팀의 문화를 만들어가려면, 내가 구단 지도부(구단주, 단장, 경영진 등) 및 코치진, 선수들과 다 함께 노력해야 한다는 뜻이었다. 구단 지도부 내부의 팀 문화를 튼튼히 하려면 구단주와 사장, 단장에게 내가 그들과 감독직을 놓고 면담할 당시 깊이 있게 의논하고 공유했던 여러 신념과 가치관, 기대치들을 몇 번이고 강조하는 것이 중요했다. 정기적으로 협업을 위한 대화를 하고, 우리가 만들어나가고 있는 변화에 대해, 그 목적에 대해 이야기해야 했다.

튼튼한 팀 문화를 만들기 위해 우리는 선수들의 경기 능력 외에도 인성과 태도를 평가하기 시작했다. 경기장에서의 선수 능력만 가지고 로스터를 바꾸지는 않았다. 우리는 각 선수가 라커룸 안에 미치게 될 눈에 보이지 않는 영향력까지 아주 면밀하게 살폈다. 운동장 안에서도, 밖에서도 우리 팀의 긍정적인 면을 대표할 수 있는 선수들을 보유하고 싶었다. 선수들은 훌륭한 팀원이자 훌륭한 사회 구성원이 될 수 있는 사람이라야 했다.

우리는 로스터를 왜 이런 식으로 조정하고, 그게 우리가 만들려는 문화에 어떻게 도움이 되는지, 구단주인 아서 블랭크 Arthur Blank 가 충분히 알 수 있게 했다. 어떤 선수는 추가하고 어떤 선수는 빼서 이렇게 변화를 주면 경기장 안팎에서 우리 팀의 로스터가 업그레이드될 거라는 점을 분명히 했다. 이 모든 조치들은 내가 감독직을 공식 수락하기 전부터 이야기했던 코칭 철학 및 가치관, 원칙들과 동일선상에 있었다. 어울릴 수 없는 선수들은 아무리 재능이 뛰어나도 우리 팀에 넣지 않을 작정이었다. 구단주와 조직 최고 지도부의 지지를 바탕으로 나는 단장인 토머스와 함께 밑바닥에서부터 새로운 팀 문화를 다지는 일에 착수했다.

첫 오프시즌에 토머스와 나는 아주 긴밀하게 협력했다. 하루에도 몇 번씩 회의를 하는 날이 드물지 않았다. 우리는 매일매일 하루가 시작되고 끝날 때마다 만나서 팀 운영의 전 측면에 관해 의논하려고 의식적으로 노력했다. 선수에 관한 회의를 할 때는 언제나 해당 선수가 라커룸과 팀 문화에 미칠 영향에 관한 얘기도 빼놓지 않았다. 팀 하나를 만드는 것은 단순히 데려올 수 있는 최고의 선수들을 영입하는 것보다 훨씬 더 복잡한 일이라는 것을 우리 둘 다 잘 알고 있었다. 우리는 지원 스태프의 상황은 어떻고, 선수 및 코치진과 나머지 조직 사이의 소통은 어떻게 되고 있는지에 관해서도 이야기를 나눴다.

팀 문화를 만드는 것만으로는 충분하지 않았다. 지속 가능한 성공을 이루려면 이기는 조직 문화가 필요했다. 나는 그런 문화를 가지려면 구단 지도부와 면밀히 협력해 조직 문화를 정의하고 확립해나가야 한다는 것을 알고 있었다. 구단주와 지도부가 적극적으로 참여해서 그런 과정의 필수불가결한 일부가 되어주어야만 했다. 그들이 선수들만큼이나 깊이 참여해줘야 했다. 나는 또 경기장에서 성공하는 팀을 만들려면 지도부, 선수들, 스태프만으로는 부족하다는 것도 알고 있었다. 우리는 한 사람도 빠짐없이 조직 내 '모든' 사람의 적극적 참여가 필요했다.

모두가 문화를 만들어간다

마이크 스미스

    문화는 팀이나 조직의 모습을 결정짓는, 함께 공유하는 목적과 태도, 가치관, 목표, 관행, 행동, 습관으로 구성된다. 많은 코치들이 선수들이 공유하는 문화에만 초점을 맞추지만, 실제로는 조직 내의 모든 사람이 문화를 만들어간다. 조직이 성공하려면 조직 내의 모든 사람이 보조를 맞춰 생각하고, 믿고, 이야기하고, 행동해야 한다. 모두가 동일한 신념과 기대, 행동, 습관을 가져야 한다. 토머스와 나는 과거의 신념과 행동들은 빨리 없애야 한다는 것을 얼마 지나지 않아 알게 되었다. 우리는 모두가 따를 수 있는 새로운 사고 방식과 행동 방식을 주입해야 했다.

    그래서 나는 첫 해에 팀원들에게 존 고든의 책 『에너지 버스』를 나눠줄 때, 조직 내의 다른 모든 사람들에게도 이 책을 쥐어주었다. 나는 우리 모두가 같은 방식으로 생각하기를 바랐다. '모두'라고 함은, 경영진, 선수 및 코치진, 지원 스태프, 세일즈 및 마케팅 담당자들, 장비 담당자, 보수 및 관리 담당자, 식당 직원들 외에 건물에 있는 모든 사람들을 포함하는 의미였다. 애틀랜타 팰컨스 조직에 속한 모든 사람들과 연락을 하는 것이 쉬운 일은 아니었지만, 나는 조직 내의 모든 사람과 소통하는 것이 최우선이라고 생각했고, 존의 책을 나눠주는 것은 그 과정의 일부였다.

감독이 되고 처음 몇 달 동안 나는 조직 내 최대한 많은 사람들의 손에 『에너지 버스』를 쥐어주는 것 외에, 가능한 한 많은 사람을 만나 나를 소개하고 그 사람들의 업무에 관해 얘기를 나누며 대부분의 시간을 보냈다. 조직 내에서 그들의 역할이 중요하다는 것과 장차 우리 팀이 성공한다면 그들도 그 성공의 떼려야 뗄 수 없는 일부라는 것을 그들도 알아야 했다. 나는 라커룸 안의 문화와 건물 내 다른 부문의 문화가 서로 동떨어지는 것은 원하지 않았다. 나는 우리가 '하나의 문화'를 가진 '하나의 팀'이 되기를 바랐다. 지원 스태프 및 사무실 직원들도 선수들과 접촉하기 때문에 그들도 긍정적 태도를 공유해야만 했다. 그들이 자신의 업무를 어떻게 생각하고 얼마나 자부심을 느끼느냐에 따라 우리가 경기장 안팎에서 훌륭한 조직이 될 확률이 달라질 수 있었다. 이기는 팀을 만들려면 선수들의 도움이 필요한 것은 분명했지만, 라커룸 밖에 있는 사람들도 기꺼이 그 과정의 일부가 되어주어야 했다. 나는 그들이 자신의 일을 잘 할 수 있게 돕는 것이 내 일이고, 그렇게 우리가 함께한다면 이기는 팀을 만들 수 있다는 것을 모두가 알게 했다. 이후 몇 년 동안 나는 내가 한 말을 행동으로 증명했고, 그게 우리의 문화와 성공 전반에 커다란 영향을 미쳤다고 생각한다. 리더로서 언행이 일치하는 것은 정말로 중요한 일이다. 그러려면 내 행동이 내가 한 말과 일치했는지 거의 매일 반성의 시간을 갖지 않으면 안 된다. 말한 것은 실천해야 하고, 실천할 수 있는 것만 말해야 한다.

전략전술은 과대평가 되어 있다

마이크 스미스

세상에서 프로 스포츠만큼 경쟁이 심한 업종도 없을 것이다. NFL은 엄격한 연봉 상한제, 자유계약 제도^{FA}, 드래프트 시스템 등 여러모로 동등한 여건에서 경쟁할 수 있도록 설계되어 있다. 내가 애틀랜타 팰컨스에 있었던 7년 동안 NFL에서 열린 모든 게임 중 3점 이하의 차이로 승부가 정해진 것이 22퍼센트, 7점 이하의 차이로 승패가 결정 난 경우가 45퍼센트였다. 거의 절반에 가까운 경기가 마지막 공격에 가서야 승부가 결정 난다면, 실수가 용납될 여지는 아주 아주 적을 수밖에 없다. 미식축구가 그토록 큰 인기를 누리는 것도 아마 그 때문일 것이다. '어느 일요일에든^{on any given sunday}'이라는 말은 정말이다.[4]

---

4. "어느 일요일에든"은 미식축구를 소재로 한 올리버 스톤 감독의 영화 〈Any given sunday〉(1999) 및 그 원작 소설에 나오는 대사이다. 작품 속 감독은 팀이 '어느 일요일에든' 질 수도 있고 이길 수도 있다고 말한다. NFL 경기는 주로 일요일에 열린다.

경쟁이 그토록 치열하기 때문에 사람들은 단 하나의 경쟁 우위라도 찾아보려고 혈안이 된다. 각 팀은 조금이라도 더 나은 위치에서 다른 팀보다 좋은 성적을 내기 위해 매년 수백만 달러를 쓴다. 선수들의 경기 능력을 향상시키고, 각종 분석을 하고, 새로운 공격 전략과 수비 전략을 제시할 코치들을 영입하는데 기꺼이 돈을 쓴다. 이런 것들은 모두 나름의 장점이 있기 때문에 조금이라도 더 나은 조직을 만들 수 있는 방법이라면 뭐든 시도해보지 않을 수 없다. 세계 최고의 선수와 코치들 사이에서 승부는 아주 간발의 차이로 결정된다. 신체적으로, 정신적으로 매주 철저히 준비된 상태로 경기에 나가고 경쟁하지 않으면 안 된다. 훌륭한 작전이 있어야 하고, 코치들은 적재적소의 지시를 내려야 하며, 선수들은 그 지시를 효과적으로 이행해야 한다. 전략이 중요한 것은 말할 것도 없고, 그 전략을 반드시 수행해내야 한다. 하지만 팀 스포츠에서 가장 많이 간과하는 측면이자, 대부분의 코치와 리더들이 이해하지 못하고 있는 부분은 그 전략의 성공 여부와 지속 가능성을 결정하는 것은 '문화'라는 점이다. 선수들이 제대로 기량을 발휘하고 전략을 수행할 수 있을 것인가를 결정하는 것은 여러분이 만드는 문화이다.

매주 우리는 도저히 우리가 통제할 수 없는, 극히 어려운 상황들에 맞닥뜨린다. 매치업에 영향을 주는 부상도 있고, 공이 원치 않는 방향으로 튈 때도 있으며, 선수도, 코치도 실수를 한다. 전략과 작전은 매주 달라진다. 이 모든 상황에 직면해서도 장애물을 극복할 수 있는 회복력과 강인함, 열정, 태도를 만들어내는 것은 문화다. 유행하는 전략은 시시때때로 바뀐다. 어느 작전이 효과가 있는 것은 상대팀이 해결책을 찾아낼 때까지다. 전략전술도 중요하지만 조직의 단단한 반석이 되는 것은 그 조직의 문화다. 튼튼한 문화 위에 조직을 제대로만 세운다면, 우리 팀이 5년간 누렸던 것 같은 지속 가능한 성공을 이룰 것이다. 하지만 마지막 2년은 좀 달랐다. 그리고 그 2년간 우리가 무엇을 배웠는지에 대해서는 잠시 후에 다시 얘기하겠다.

지속 가능한 문화가
지속 가능한 성공을 만든다

존 고든

  문화의 중요성에 대해서는 나도 마이크와 똑같은 생각이다. 문화에 관해 마이크와 많은 얘기를 나눈 나로서는 마이크가 자신의 신념과 계획을 실천에 옮기는 모습을 지켜보는 과정이 무척 신났다. 문화에 관해 많이 생각하고, 이야기하고, 글까지 쓰는 사람으로서 여러 원칙이 현실에서도 적용되는 과정을 목격하는 것은 정말 기분 좋은 일이었다. 이론은 이론이고, 현실에 적용하는 것은 또 다른 문제다. 하지만 마이크가 해낸 일은, 그리고 그 일을 해낸 방법은 왜 지속가능한 문화를 가진 조직이 지속적으로 성공하는지를 극명하게 보여준 경우였다. 문화는 기대와 신념을 만들어낸다. 기대와 신념은 행동을 만들어낸다. 행동이 습관을 만들고, 습관이 미래를 만든다. 비즈니스나 스포츠, 헬스케어, 교육 등 여러 분야에서 가장 성공하는 조직들을 살펴보면 모두 훌륭한 문화를 갖고 있다. 전략전술은 과대평가

라커룸 리더십

되어 있다. 오래 전 나는 어느 미식축구 클리닉에서 문화를 주제로 강연한 일이 있었다. 내 강연에는 5명이 참석했고, 전략전술 워크숍에는 500명이 참석했다. 대부분의 사람이 전략전술이 성공을 지속시켜주지는 못한다는 사실을 이해하지 못한다는 것을 그때서야 알았다. 성공을 지속시켜주는 것은 문화다. 다른 그 무엇보다 문화를 만드는 데 더 많은 시간을 들여야 한다. 시간이 지나도 승리를 만들어내는 것은 문화이기 때문이다.

무엇을 지향하는가

존 고든

　새로운 문화를 만들거나 기존의 문화를 개혁하려고 할 때 가장 먼저 자문해봐야 할 것은 이것이다. '우리는 무엇을 지향하는가?' '우리는 어떻게 알려지고 싶은가?' 나는 『안전모』^{The Hard} ^{Hat}을 쓸 당시 제프 탬브로니^{Jeff Tambroni} 감독을 인터뷰했다. 그는 코넬대학교 라크로스 팀을 전국적인 반열에 올려놓은 인물이다. 대체 어떻게 한 거냐고 물었더니 제프는 이렇게 말했다. "우리는 누가 우리 사람인지 압니다. 누가 우리 문화에 딱 맞는지 알아요." 제프 탬브로니는 안전모로 대표되는 블루칼라 직업윤리와 희생정신, 팀워크, 부단한 노력, 끊임없는 개선 문화를 만들었다. 제프를 위시한 코치진은 그들의 문화가 무엇을 지향하는지 알고 있었기 때문에 그 문화에 딱 맞는 사람들을 뽑을 수 있었다. 자신의 지향점을 아는 사람은 같은 지향점을 가진 사람을 찾아낼 수 있다. NBA 농구팀 보스턴 셀틱스^{Boston Celtics}의 감독

브래드 스티븐스^{Brad Stevens}는 문화는 단순한 전통이 아니라고 했다. 문화는 라커룸에서 그것을 이어가는 '사람들'이다. 여러분의 문화에 딱 맞는 사람들이 그 문화를 이어간다면 문화는 살아 움직이면서 강력한 힘을 발휘한다.

지향점을 아는 것이 중요하다는 점은 비즈니스 세계에서도 마찬가지다. 애플이 달랑 스티브 두 명(스티브 잡스와 스티브 워즈니악)이었을 때는 자신들이 만들고 싶은 문화가 무엇인지 정확히 알고 있었다. 그들은 '현상태'에 도전하고 싶었다. 두 사람이 한 모든 일은 그런 문화의 영향을 받은 것이었다. 두 사람이 채용한 사람들, 두 사람이 만든 제품, 벌였던 캠페인까지 말이다. 이런 접근법은 아직까지도 애플의 전 부문에 영향을 미치고 있다. 애플은 전략보다 문화를 중시한다고 말하는 것으로 유명하다. 지향점이, 다른 모든 것을 결정한다.

몇 년 전에 나는 사우스웨스트 항공에서 강연을 할 기회가 있었다. 그곳 사람들 말이 컨설팅 회사에서 승객들한테 수하물 비용을 청구하라는 제안을 했다고 했다. 경쟁사들은 이미 그렇게 하고 있고, 그렇게 하면 수백만 달러의 추가 수익을 얻을 수 있다고 말이다. 사우스웨스트 항공도 그 제안을 고려했지만 그 과정에서 중요한 질문 하나를 해보았다고 한다. "이게 우리 회사의 지향점인가?" 사우스웨스트 항공의 미션 선언문에는 이렇게 적혀 있었다. "친절하고 믿음직한 저비용 항공 여행을 통해 사람들을 그들의 삶에 중요한 것들과 연결시켜 준다." 결국 사우스웨스트 항공은 저렴한 비용으로 항공편을 자주 이용하는 사람들을 주고객으로 생각한다면 수하물 비용을 청구해서는 안 된다는 결론을 내렸다. 그렇게 해서 사우스웨스트 항공이 많은 돈을 손해 봤을 거라고 생각하겠지만, 실제로는 재미난 일이 벌어졌다. 수하물 비용을 청구하지 않았더니 새로운 고객들이 찾아온 것이다. 사우스웨스트 항공은 이 점을 부각시킨 광고를 시작했고 그 과정에서 시장 점유율을 늘릴 수 있었다. 사우스웨스트 항공은 종전의 최고 매출 기록을 갈아치웠다. 지향점을 알면 전략적 의사결정도, 그때그때 내려야 하는 결정도 한결 쉬워진다는 것을 보여주는 훌륭한 사례다. 문화가 의사결정을 주도한다면 지속적인 성공을 누리게 될 것이다.

과정과 이정표

마이크 스미스

우리는 반드시 지향점을 알아야 한다. 애틀랜타 팰컨스의 감독이 된 그 순간부터 나는 우리가 만들어야 할 문화가 어떤 것인지 알고 있었고, 팀원들에게 그 내용을 명확히 밝혔다. 나는 다음의 7가지 사항은 모두가 책임지고 지켜달라고 했다.

1. 재미를 찾고, 열심히 노력하고, 과정을 즐겨라.

2. 조직 내에서 마주치는 모든 사람을 정중히 대하라.

3. 팀을 우선시하라. 성공하는 팀의 팀원들은 이기적이지 않고 개인의 목표보다 팀의 목표를 우선한다.

4. 맡은 일을 해내라. 각자의 역할은 정해져 있겠지만, 그게 바뀔 것에 대해서도 언제나 대비하라(특히 선수들의 경우).

5. 승리와 패배, 굴욕과 칭찬을 감당해내라. 이겼다고 지나치게 들뜨지 말고, 졌다고 지나치게 기죽지도 마라. 매일 한

결같은 사람이 되라.

6. 조직의 모든 의사결정은 더 훌륭하고, 강하고, 효율적인 팀을 만들기 위한 것임을 수긍하라.

7. 긍정적 태도를 지녀라. 긍정적 언어를 사용하라(말뿐만 아니라 보디랭귀지까지).

나는 해마다 팀원들에게 이야기했다. 우리가 꾸준히 이런 기대를 충족시켜 나간다면 경쟁이 극심한 NFL에서도 팀원들이 번창하는 문화를 만들 수 있을 거라고 말이다. 그리고 우리 팀은 시즌 전체 성적에 초점을 맞추는 것이 아니라, 매 경기, 매 연습의 준비 과정에 초점을 맞출 거라는 점도 처음부터 분명히 했다.

하지만 오해해서는 안 된다. NFL은 결과가 전부인 곳이다. 결국에 가면 각 팀은 그 해에 몇 승 몇 패를 기록했느냐로 평가받는다. 승수가 부족하면 가차 없이 해고될 것이다. 심지어 감독직을 맡을 당시 나는 단장인 토머스와 이런 농담도 주고받았다. 토머스는 나를 해고하려고 고용한 거지, 은퇴시켜주려고 고용한 것은 아니라고 말이다. 그저 시기의 문제일 뿐이었다. 오늘날 NFL에서 자의로 그만두는 감독은 극히 드물다. 토머스와 나는 내가 자의로 그만두는 몇 안 되는 감독이 되도록 열심히 노력해보자고 했다. 처음 5년까지는 그 목표를 달성할 수 있을 것처럼 보였다. 2014년 시즌을 앞두고 애틀랜타 팰컨스에서 여섯 번째 시즌을 맞고 있던 나보다, 한 팀에 더 오래 머물고 있는 감독은 6명뿐이었다. 놀라운 일이지만 내가 애틀랜타 팰컨스에서 일곱 시즌을 보내는 동안 NFL에서는 감독이 66번 바뀌었다. 리그 전체가 두 번 이상 감독을 바꾼 것과 같은 횟수다. 이만하면 팰컨스의 전 감독이기도 했던 제리 글랜빌Jerry Glanville이 1988년에 한 말도 이해가 갈 것이다. 감독에 관한 한, NFL의 지향점은 "길지 않게"라고 말이다.

그러니 결과와 관련해서는 나도 당연히 이기고 싶었다. 최대한 오랫동안 감독으로 있고 싶었고, 최대한 많이 이기고 싶었다. 하지만 그렇게 하려면 시즌 전체 성적에 초점을 맞출 것이 아니라 매 연습, 매 경기를 만들어가는 과정에 집중해야 한다는 것을 나는 알고 있었다. 처음부터 내 의도는 목표가 아니라 준비 과정과 이정표에 초점을 맞추는 것이었다. 리그의 모든 팀이 같은 목표를 갖고 있다 보니, 목표에 초점을 맞춰서는 성공할 수가 없었다. 성공하려면 한 번에 한 게임씩 과정에 집중해야 했다. 그게 곧 시즌 전체의 성적이 될 터였다. 오프시즌 첫 팀 미팅에서 우리는 팀을 만드는 과정에 초점을 맞추겠다는 뜻을 분명히 전했다. 첫 미팅 대부분의 시간은 NFL 한 시즌의 일정을 설명하는 데 쓰였다. 시즌 첫 주가 시작될 때까지 모든 연습 과정과 오프시즌 프로그램 전체를 팀원들에게 상세히 설명했다. 여기서 '상세하게'란 정말로 상세했다는 뜻이다. 코치진은 회의실과 연습 경기장에서 무슨 일이 일어날지 1분 단위로 설명했다. 오프시즌 전체가 철저히 계획되어 있고, 매일매일 강의실에서, 체력 단련실에서, 경기장에서 어떤 일이 진행될지 모두가 인지하고 있다는 것을 선수들이 알아야 했다. 선수들은 우리의 준비 과정이 아주 체계적일 것임을 알게 되었다. 오프시즌에서 정확히 몇 경기를 뛰게 될지, 그리고 경기에서 생길 수 있는 각각의 상황에 어느 정도의 시간을 투자할지 알게 되었다. 회의실이나 경기장에서는 언제나 모든 것이 계획대로 진행될 예정이었다. 우리는 전반적인 기록 때문에 걱정하기보다는 2008년 최고의 팀이 되는 데 필요한 기술들을 숙달하는 데 초점을 맞출 생각이었다.

개막전이 열리는 주에 나는 팀원들에게 우리가 오프시즌 프로그램과 미니 캠프, 시범 경기를 통해 얼마나 나아졌는지 이야기했다. 우리는 고된 NFL 시즌을 차근차근 준비하며 성큼 발전한 기분이었다. 시즌 시작을 앞둔 월요일 회의에서 나는 팀원들에게 우리 팀은 전통적 의미의 '목표'라는 것은 하나도 세우지 않을 거라고 말했다. 시즌 끝에 가서 우리가 어떻게 평가받을지는 다들 아는 그대로라고 말이다. 나는 팀원들에게 '이정표'에 초점을 맞추자고 했다. 하나를 달성하고 나면 다음 이정표를 제시하겠다고 했다. 첫 번째 이정표는 한 게임을 이기는 거였고, 오는 일요일에 그 기회가 올 예정이었다. 그리고 첫인상이 중요하다고 했다. 첫인상을 심어줄 기회는 한 번뿐이고, 좋든 나쁘든 그 순간에 한 시즌의 분위기가 결정되게 마련이다. 우리 팀은 아주 훌륭한 첫인상을 남기는 데 성공했다. 시즌 첫 패스 시도에서 맷 라이언^{Matt Ryan}이 마이클 젠킨스^{Michael Jenkins}에게 던진 공은 62야드 터치다운을 기록했고, 우리는 그 게임을 이겼다. 첫 번째 이정표를 달성한 것이다. 다음 이정표는 원정 경기를 승리해 연승을 시작하는 것이었다. 첫 경기 승리로 만들어진 밝은 에너지에도 불구하고 우리는 그다음 경기를 졌다. 이정표는 바뀌어야 했다. 이번에는 연승을 시작하는 대신, 연패를 피하는 것을 목표로 삼았다. 나는 팀원들에게 우리가 연패를 한 번도 내주지 않은 채 시즌을 마무리하고, 연승을 최소 한 번 이상만 거둔다면 11월에는 만족할 만한 위치에 가 있을 거라고 했다. 그런 다음 우리는 같은 지구 팀들에게 이기는 것을 또 하나의 이정표로 삼았다. 지구 우승이야말로 플레이오프에 진출하는 가장 확실한 방법이었기 때문이다. 게임 하나가 끝날 때마다 나는 우리가 달성해야 할 새로운 이정표를 제시했다. 그리고 우리가 더 많은 이정표를 달성할수록 시즌 마지막에 더 좋은 위치에 서 있게 될 거라고 했다. 2008년 우리는 목적지가 아니라 '여정'에 초점을 맞췄다. 12월 우리는 상승세를 탔고, 첫 시즌에 벌써 플레이오프라는 정박지에 도착할 수 있었다.

과실이 아닌 뿌리에 집중하라

마이크 스미스

처음 그 다섯 해 동안 이정표와 과정은 우리 문화의 큰 부분을 차지했다. 그리고 그 결과 우리는 팀으로서도, 조직으로도, 전례 없는 성공을 거두었다. 하지만 때로는 성공이 최악의 적이 될 수도 있다. 그 성공 때문에 여러분의 문화나 접근법이 바뀐다면 말이다. 존은 종종 내게 이런 얘기를 했다. 과실에만 집중하고 뿌리를 무시한다면 나무는 죽고 말 것이라고. 하지만 계속해서 뿌리를 돌보고, 문화와 과정, 사람, 목적에 집중한다면 언제나 풍족한 과실을 얻게 될 거라고 말이다. 그 처음 다섯 해 동안 우리는 뿌리에 열심히 집중했고 많은 과실을 거뒀다. 많은 승리를 이뤘고, 팀 문화는 튼튼했다. 하지만 그러다가 우리는 간발의 차이로 슈퍼볼에 못 가게 되었다. 2012년 NFC 챔피언십[5]에서 10야드

5. 미국 프로야구가 내셔널 리그와 아메리칸 리그로 나눠지는 것처럼, NFL도 AFC와 NFC라는 두 개의 리그로 나뉜다.

가 모자라 게임에서 패한 것이다. 우리는 6분간 공격을 퍼부어 샌프란시스코 포티나이너스^{San Francisco 49ers}의 10야드 라인까지 공을 가져다 놓았다. 세 번째 공격이었고 시간은 1분 남짓밖에 남지 않았다. 패스 실패로 땅바닥에 곤두박질친 맷 라이언은 어깨를 다쳤지만, 처음 다섯 해 동안 수없이 보여주었던 것과 마찬가지로 다시 일어나 경기를 계속했다. 맷 라이언의 부상이 얼마나 심각한지 아무도 몰랐다. 그리고 네 번째 공격⁶에서 맷이 시도한 패스는 로디 화이트^{Roddy White}에게 미치지 못했다. 그것으로 우리가 (내가 전에 코치로 있었던) 볼티모어 레이븐스와 슈퍼볼에서 맞붙을 기회는 사라졌다.

이후로 모든 것이 바뀌었다. 우리는 조직 전체가 슈퍼볼의 목전까지 다녀왔다고 느꼈다. 그리고 어느새 거기에 도달하는 게 우리의 유일한 관심사가 되어버렸다. 조직 전체가 그것 하나에만 매달렸다. 안타깝게도 이것은 선수들과 우리 조직이 다음 시즌에 임하는 자세에 영향을 미쳤다. 우리는 처음부터 다시 시작해 한 번에 한 연습, 한 경기씩 과정에 집중해나가는 대신 결과에만 관심을 가졌다. 더 이상 이정표를 세우지도 않았고 그저 다시 플레이오프에 진출하는 데만 초점을 맞추었다. 슈퍼볼에 진출하지 못한다면 미디어도, 팬들도, 조직 내 많은 사람들도 이 시즌을 실패로 간주할 것이다. 중압감이 내려앉았다. 구

---

6. 미식축구에서는 네 번의 공격 안에 10야드를 전진하지 못하면 공격권을 뺏긴다.

단주도, 쿼터백도, 팀원들도, 나도, 우리 모두가 그것을 느꼈다. 뒤돌아보면 나는 그 중압감에 휘둘려 우리의 성공을 만들어주었던 바로 그 요소들로부터 우리가 멀어지도록 방치했다. 나는 우리 문화를 위해 충분히 싸우지 않았다. 위에서 아래로, 아래에서 위로 문화를 다지는 일을 그만뒀다. 새로 합류한 선수들과 스태프, 조직이 우리가 그렇게 힘들여 만든 문화를 제대로 이해했는지 확인하지 않았다. 문화라는 것이 미식축구 경기의 흐름만큼이나 빠르게 바뀔 수 있다는 것을 우리는 비싼 대가를 치르고 배워야 했다. 돌이켜보면 마지막 두 시즌에 그런 결과가 나온 것은 전혀 놀랄 일도 아니다. 나는 외력과 중압감이 우리 문화를 약화시키도록 내버려두었다. 더 이상 뿌리를 돌보지 않자, 우리의 나무는 시들고 말았다.

라커룸 리더십

팀을 위해,
팀 문화를 위해 싸워라

마이크 스미스

우리 팀의 문화가 얼마나 메말라 버렸는지 극명하게 드러난 것은 2014년 시즌 후반이었다. 위닝 시즌은 아니었지만 플레이오프 자리를 놓고 다투고 있을 당시, 우리 조직 내부의 문화가 건강하지 못하다는 조짐은 이미 뚜렷했다. 제대로 된 조직이라면 팀원들이 경기장에서 최고의 모습을 보일 수 있게끔 선수들이나 코치진이 한눈을 팔 일은 그 어떤 것도 만들지 않으려고 최선을 다할 것이다. 하물며 조직이 나서서 팀원들의 집중을 흩뜨리게 만든다는 것은 상상도 못할 일이다. 그런데 안타깝지만 플레이오프에 진출하려고 안간힘을 쓰고 있을 당시, 우리 팀에 일어난 일이 바로 그런 것이었다.

문제의 발단은 그린베이에서 열린 월요일 저녁 경기를 앞두고 일어났다. 〈뉴욕 포스트〉에 기사가 하나 떴는데 출처는 우리 내부의 익명의 제보자로 되어 있었다. 애틀랜타 팰컨스에 어떤 변화가 생길 경우 우리 구단주는 뉴욕 제츠^{New York Jets}의 코치를 염두에 두고 있다는 내용이었다. 불행히도 우리는 그 경기를 졌고, 사람들은 기사 내용이 정말인지 더욱 더 궁금해 했다. 당시 나는 그 기사에 대해 심각하게 생각하지 않았지만, 내가 팰컨스의 감독으로 지낸 6년 반 동안 '익명의 제보자'가 등장한 적은 단 한 번도 없었다는 생각은 분명히 들었다. 그런데 느닷없이 거기 '익명의 제보자'가 나타났던 것이다.

뉴올리언스 세인츠^{New Orleans Saints}와 경기가 있었던 16주차[7]에는 경기 당일 아침에 팀내 정보통의 제보라면서 팰컨스가 진다면 내가 해고될 거라는 뉴스가 나왔다. 경기 직전 팀원들이 라커룸에서 밥을 먹으면서 텔레비전 하단 자막으로 보고 싶은 뉴스는 결코 아니었다. 고맙게도 우리 팀은 그날 그 해의 경기 중에서도 최고의 경기를 펼쳤고, 승리했다. 그 덕분에 우리는 그 다음 주에는 플레이오프 진출권을 놓고 캐롤라이나 팬서스^{Carolina Panthers}와 경기를 치를 수 있게 됐다. 승리한 것은 기뻤지만 나는 내 미래에 대해 왈가왈부할 수 있는 익명의 제보자가 또 있다는 사실이 다시 한 번 이상하다는 생각이 들었다.

플레이오프 진출권이 걸린 경기 당일 아침, 식사를 하고 있는데 똑같은 일이 다시 한 번 일어났다. 식전 행사 시간이었는데 팰컨스에 변화를 줄 경우 새 감독 찾기 위해 구단이 리크루

---

7. NFL에서 각 팀은 보통 일주일에 1경기를 치른다.

팅 회사를 고용했다는 내용이었다. 이게 지금 제정신인가? 플레이오프 진출권이 걸린 경기가 코앞인데 또 다시 조직 내의 누군가는 이런 뉴스를 언론에 흘리고 있는 것이다. 유감스럽게도 이날의 경기는 내가 펠컨스에서 보낸 7년 중 아마도 최악의 경기가 됐다. 더욱 안타까운 사실은 내가 그것을 방조했다는 점이다.

처음 여섯 시즌 동안 나는 우리 선수들에게 내가 말 그대로 그들을 위해 싸울 거라는 점을 똑똑히 보여줬다. 욕설을 해대는 상대편 선수에게 그만 닥치고 꺼지라고 말한 적도 있었고, 우리 쪽 사이드라인 근처에서 엉켜 있는 선수들 사이에 끼어들었다가 상대편 선수와 신체 접촉을 했다는 이유로 리그 사무국으로부터 벌금을 물기도 했다. 팀원들은 내가 그들과 함께 내 모든 것을 바치고 있고, 정신적으로도 육체적으로도 기꺼이 그들을 위해 싸울 거라는 사실을 알고 있었다. 하지만 익명의 제보자로부터 뉴스가 새나가는 일이 벌어지면서부터 나는 팀을 위해 충분히 싸우지 않았다. 나는 우리가 승리하면 그런 정보 누출 같은 것은 사라질 줄 알았다. 나는 팀원들이나 팀 문화를 위해 싸우는 대신, 결과에 집중했다. 사람들은 종종 그렇게 정보를 흘린 사람이 누구였냐고 내게 묻지만, 정말이지 나는 개의치 않는다. 문제는 그게 아니기 때문이다. 가장 중요한 점은 내가 내부적으로나 외부적으로나 공식적으로 이 세 번의 사건을 해결하려 든 적이 한 번도 없었다는 점이다. 나는 팀을 위해 싸우지 않왔다. 나는 이 문제에 정면으로 덤벼들었어야 했다. 이런 보도가 있을 때마다 팀원들은 주의를 뺏길 수밖에 없었고, 충실히 준비하고 집중해서 이기는 데 방해가 됐다. 나는 팀과 함께 이 보도 문제를 해결했어야 했다. 구단 지도부에 긴급회의를 소집해서 정보 누출 문제를 언급하고, 누가 되었든 그런 짓을 하고 있는 사람은 자기 팀을 망치고 있는 것이니 당장 그만두라고 요구했어야 했다. 경기를 이겨서 문제가 해결되기를 바라기보다는, 이런 일 자체가 일어나지 않게 했어야 했다. 내가 애써 만든 팀 문화를 끝까지 수호했어야 했다. 그동안 나도 실수를 많이 했고 완벽한 리더란 없는 법이지만, 되돌릴 수만 있다면 되돌리고 싶은 유일한 실수가 이것이다.

벌어진 일은 아쉽지만 나는 여기서 정말 소중한 교훈을 배웠다. 그리고 그 이야기를 여러분에게 공유함으로써 여러분만큼은 같은 실수를 저지르지 않도록 도울 수 있게 됐다. 내가 여러분에게 여러분만의 조직 문화를 만들고, 그것을 소중하게 여기고, 실천하고, 강화하고, 수호하라고 말하는 것은 그 때문이다. 팀이나 조직에 새롭게 합류한 사람들이 여러분의 지향점을 확실히 알게 하라. 무슨 일이 있어도, 이기든 지든, 뿌리에 집중하라. 지난 시즌에 벌어진 일은 잊어라. 지나간 부정적 결과들은 기억 상실에 걸린 것처럼 깨끗이 잊어야 하고, 성공하기 위해 했던 일들은 아주 사소한 것까지도 모두 기억해야 한다. 과정에 집중하고, 외력이든 내력이든 조직 문화를 해칠 수 없게 하라. 나의 첫 다섯 해는 여러분이 조직 문화와 과정에 진정으로 집중할 때 무슨 일이 벌어지는지 보여주는 경우이고, 마지막 두 해는 그러지 않았을 때 벌어지는 일의 훌륭한 예시다.

이제 마지막 두 해 동안 뭐가 잘못 되었는지는 알았을 것이다. 그러면 지금부터는 처음 다섯 해 동안 뭘 잘했는지 살펴보기로 하자. '긍정적 기운을 전염시켜라'부터 시작해서 그 외 여러 법칙을 통해 우리가 어떻게 팀 문화를 만들고 팀을 다져나갔는지 살펴보자. 우리가 하는 애기에 초점을 맞춰 진정으로 문화에 집중한다면 지속적인 성공을 경험하게 되리라고 자신한다.

CONTAGIOUS

2장

긍정적 기운을 전염시켜라

리더십이란 목적과 열정, 낙천적 시각,
그리고 신념을 전달하는 것이다.

세균이 될 것인가,
비타민 C가 될 것인가?

존 고든

하트매스연구소heartmath.org 조사에 따르면 사람의 감정은 온몸의 세포 하나하나에까지 영향을 미친다고 한다. 뿐만 아니라 그 감정은 밖으로도 영향을 주어 3미터 떨어진 곳에 있는 사람까지도 그 감정을 느낄 수 있다고 한다. 그러니 매일매일 여러분은 팀원들한테 여러분이 느끼는 감정을 방송하고 있는 것이나 다름없다. 여러분이 지금 내보내고 있는 것은 긍정적 에너지일 수도, 부정적 에너지일 수도 있고, 심드렁한 모습일 수도, 열정적인 모습일 수도 있으며, 무관심일 수도, 결연한 의지일 수도 있다. 하버드대학교 조사 결과를 보아도 우리가 느끼는 감정에는 전염성이 있어서 주변 사람에게 영향을 준다고 한다. 팀원 한 명의 기분이 나쁘면 마치 신종 플루처럼 다른 팀원들한테도 그 기분이 옮는다. 반대로 기분이 좋으면 그것 역시 옮아간다. 그리고 이 원칙은 리더뿐만 아니라 '모든' 팀원에게 적용

된다. 팀원 한 명 한 명 모두가 전염성이 있기 때문에, 여러분은 매일매일 다 함께 긍정적 에너지를 공유하든가, 아니면 부정적 에너지를 나눠 갖고 있다. 훌륭한 조직 문화는 전염성을 가진 긍정 에너지로 만들어지기 때문에 여러분과 팀원 모두가 그 긍정 에너지를 공유해야 한다. 라커룸에, 사무실에, 혹은 경기장에 한 발을 내딛는 순간 여러분은 이미 하나의 선택을 내리는 셈이다. '팀원들에게 몹쓸 세균이 될 것인가, 아니면 한 움큼의 비타민 C가 될 것인가?' '팀 전체에 긍정 에너지를 불어넣을 것인가, 아니면 팀원들의 생기를 다 앗아가는 에너지 귀신이 될 것인가?'

훌륭한 리더나 팀은 서로 긍정적인 것들을 전염시킨다. 비전이나 목적으로 동기를 부여하고, 긍정적 생각으로 힘이 나게 하며, 좋은 감정으로 에너지가 샘솟게 한다. 훌륭한 리더와 팀원들은 자신들의 전반적인 태도가 라커룸이나 건물 내의 모든 사람들에게 영향을 미친다는 사실을 안다.

비전과 미션을 전파하라

존 고든

리더가 전염성을 발휘하는 강력한 방법 중 하나는 팀원들과 긍정적 비전과 미션을 공유하는 것이다. 어떤 팀이든 팀원들을 하나로 묶어주고 북극성처럼 올바른 방향으로 이끌어 줄 비전과 미션이 필요하다. 비전이나 미션은 간단명료하고 대담하며 마음에 와 닿아야 한다. 팀원들에게 아무런 감흥도 주지 못할 업계의 유행어를 늘어놓으라는 얘기가 아니다. 팀원들의 구심점이 될 수 있고, 구호가 될 수 있는 구체적이고 신명 나는 무언가를 찾아내라는 얘기다. 비즈니스 쪽에서 예를 하나 들어보면 오래 전 IMB의 광고 문구는 "더 똑똑한 지구를 만들자"였다. 고객들에게 데이터를 더 유용하게 만들어줄 프로젝트를 설계하고, 만들고 판매할 모든 사람들에게 내부적 비전이자 미션이 될 수 있는 문구였다.

캠벨 수프^{Campbell Soup}의 CEO였던 더그 코넌트^{Doug Conant}는 자신

이 캠벨을 혁신하면서 했던 일 중에 가장 중요한 것은 사내의 모든 사람들에게 비전 선언문과 미션 선언문을 공유한 일이라고 했다. 그는 모두가 다 함께 한 방향으로 가게 하기 위해서 회의가 있을 때마다 최대한 자주 비전과 미션을 공유했다고 한다. 그 비전과 미션이란 바로 "언제 어디서나 사람들의 삶을 윤택하게 해주는, 세상에서 가장 특별한 식품 회사를 다 함께 만들어가자."였다. 제너럴모터스^{GM} 역시 간단하고 핵심적인 비전 및 미션으로 브랜드를 새단장하고 세일즈에 활력을 불어넣었는데 "세계 최고의 차량을 디자인하고, 만들고, 판매한다."는 것이었다. 미국의 군인 가족을 위한 신용협동조합 USAA는 조직 내 모든 사람들의 구심점이 될 수 있는 미션과 비전을 이렇게 밝히고 있다. "다양하고 경쟁력 있는 금융 상품과 서비스를 제공하여 회원 및 직원, 나아가 그 가족의 금융 안정성을 도모하고, 군인 가족들의 선택을 받는 회사가 된다."

스포츠 팀 리더들과 이야기할 때면 나는 미션 선언문에 '챔피언십 우승' 같은 것은 넣지 말라고 말한다. 시즌 초에는 어느 팀이나 슈퍼볼 우승을 목표로 삼지만, 그런 목표를 선언하는 것만으로는 목표 달성에 도움이 되지 않는다. 팀의 성공은 비전과 목적에 대한 헌신에서 나온다. 그렇기 때문에 비전과 미션에는 좇아가고 싶은 원대한 목표가 들어 있어야 하며, 그곳에 도달하도록 힘을 불어넣어줄 고유한 개성과 목적에 초점이 맞춰져야 한다.

내가 협력했던 팀 중에는 리그에서 가장 터프하고 열심히 노력하는 팀이 되는 것을 미션으로 정한 경우도 있었다. 지역 사회와 가족을 위해 뛰자는 팀도 있었고, 전통을 기리고 후대에 훌륭한 유산을 남기기 위해 경기를 하자는 팀도 있었다.『안전모』에서 얘기한 것처럼 코넬대학교 라크로스 팀은 자신들이 사랑하는 바로 그 경기를 하다가 죽은 동료를 기리기 위해 열심히 뛰었다.

연구에 따르면 사람들은 자신보다 더 큰 대의를 위해 헌신할 때 가장 큰 에너지를 낸다고 한다. 리더라면 팀원들이 각자의 이기적인 욕심이나 관심사를 넘어, 그들 자신보다 더 큰 대의를 위해 헌신할 수 있도록 영감을 주어야 한다. 더 큰 비전과 목적이 있는 팀은 더 큰 열정과 에너지를 발휘한다. 여러분의 비전과 미션이 뭐가 되어야 할지는 내가 알려줄 수 없다. 하지만 팀원들을 결속하고 단결시키기 위해 비전과 미션이 반드시 필요하다는 얘기만큼은 해줄 수 있다. 리더들이 먼저 이런 비전과 미션, 목적을 만든 다음 팀원들과 공유할 수도 있겠지만 가능하다면 팀원들과 함께 비전과 미션을 만들어라.

신념을 전파하라

존 고든

승리는 라커룸에서만 시작되는 것이 아니다. 승리는 마음가짐에서도 시작된다. 마음가짐에서 먼저 이겨야 경기장에서도 이길 수 있다. 승패의 차이는 신념의 차이인 경우가 많다. 팀원들이 이길 수 있다고 믿고 있는가? 충분히 준비하고 연습하고 집중해서 이길 수 있다는 자신감을 갖게 되었는가? 역경과 고난에도 불구하고 긍정적이고 낙천적인 태도를 유지하는가? 시애틀 씨호크스^{Seattle Seahawks}의 감독 피트 캐럴^{Pete Carroll}은 이렇게 말했다. "세상은 사람들이 비관적이 되도록 단련시킨다. 이곳에서 내가 해야 할 가장 중요한 일 중에 하나는 선수들과 스태프가 오늘보다 내일이 더 나을 거라고 믿게 만드는 것이다." 리더십은 신념을 전파하는 것이고, 팀원들과 긍정적 신념을 공유하는 일은 반드시 필요하다. 특히나 처음부터 그래야만 하는데, 시즌이 시작되는 바로 그 순간이 분위기를 확립하고 제대로 된 신념

체계를 구축할 때다. 역경이 닥쳐서야 이런 작업을 시작하려고 기다려서는 안 된다. 처음부터 이런 작업을 해둬야 어려운 일이 생겼을 때에 흔들리지 않을 수 있다. 나는 리더가 해야 할 가장 중요한 일 중에 하나가 긍정적이고 낙천적인 태도를 유지하는 것이라고 생각한다. 연구 조사 결과도 이를 뒷받침하는데 실제로 낙천적인 태도는 경쟁 우위 요소라고 한다. 듀크대학교의 만주 푸리[Manju Puri]와 데이비드 로빈슨[David Robinson]은 낙천적인 사람들이 더 열심히 일하고, 돈을 더 많이 벌고, 운동 경기에서 더 자주 이기고, 선거에서 더 자주 당선되며, 심지어 더 오래 산다는 것을 발견했다. 낙천적인 자세는 마냥 기분만 좋은 생활 방식이 아니라, 실제로 더 건강해지고, 의미 있는 인간관계를 맺고, 개인적으로나 팀으로나 더 성공할 수 있는 생활 방식이다.

신념의 힘을 내가 직접 목격한 것은 클렘슨대학교 미식축구 팀 및 다보 스위니[Dabo Swinney] 감독과 함께 일했을 때였다. 그 학교 역사상 처음으로 4년간 꾸준히 10승 이상을 올릴 수 있었던 비결을 물었더니 스위니 감독은 이렇게 말했다. "사람들은 저더러 기대치를 뛰어넘는 사람이라고 하는데, 실은 그렇지 않습니다. 저는 남들보다 신념이 큰 사람일 뿐이에요." 스위니 감독이 팀원들을 워낙 믿다 보니, 선수들도 스스로를 믿게 된다. 선수들과 회의를 가질 때마다 스위니 감독은 기회를 놓칠세라 선수들에게 진정으로 믿기만 하면 무엇을 성취할 수 있는지 누누이 일러준다. 연습 때마다 스위니 감독은 선수들에 대한 기대치를 높게 잡고, 선수들이 나서서 그 기대에 부응할 수 있게 용기를 불어넣는다. 애플의 창시자 스티브 잡스처럼 스위니 감독도 선수들이 그들이 짐작하는 것들보다 훨씬 더 많은 것을 할 수 있고, 이룰 수 있고, 잘할 수 있다고 믿게 만든다. 스티브 잡스는 애플 직원들이 '현실 왜곡장'이라고 불렀던 것을 만드는 것으로 유명했다. 월터 아이작슨이 쓴 『스티브 잡스』를 보면 스티브 잡스가 어떻게 팀원들을 설득해서 모두가 불가능하다고 생각하는 데드라인을 맞출 수 있다고 믿게 만드는지 나온다. 실제로 애플은 계속해서 그런 일을 해냈다. 팀원들은 스티브 잡스가 (어떤 사람들은 '현실'이라고 부르는) '비관적' 시각을 '낙관적' 시각으로 왜곡했다고 말한다. 잡스의 그런 신념에는 전염성이 있었고, 그 결과 애플은 세상에서 가장 위대한 회사 중 하나가 됐다. 여러분이 낙관적 태도와 신념을 전파한다면, 여러분의 팀은 과연 무엇을 이룰 수 있을까?

긍정적 태도를 전파하라

마이크 스미스

　다른 많은 것들과 마찬가지로 신념 역시 여러분 스스로가 믿지 않으면 다른 사람에게 나눠줄 방도가 없다. 감독일 때 나는 항상 팀원들에게 긍정적 신념을 나눠줘야 한다는 것을 알고 있었다. 이 말은 곧 내가 올바른 생각으로 무장하고 항상 긍정적 태도를 유지해야 한다는 뜻이었다. 애틀랜타 팰컨스에 부임한 직후 나는 스스로에게 기대하는 사항들을 글로 적어보았다. 노트에 가장 먼저 썼던 말은 "나쁜 순간은 있어도, 나쁜 하루는 없다."였다. 절대로 '나쁜 날'은 만들지 않겠다는 스스로에 대한 다짐이었다. 아무리 힘들고 나쁜 순간이 많았어도, 하루의 끝에는 기운 나고 좋았던 순간들을 생각하며 '좋은 날'로 끝내겠다고 결심했다. 다른 사람들에게 영향을 끼치고, 그들을 이끌 수 있는 기회가 있다는 게 얼마나 행운인지 생각하면 그런 힘든 순간을 대처하고 극복하기가 훨씬 쉬워진다. 나는 부정적인 것에 초점을 맞추기보다는, 감사의 순간을 만들어내고 긍정적인 것에 집중했다. 물론 기를 쓰고 생각해도 좋은 일이 잘 떠오르지 않는 날도 있었지만, 그래도 결국에는 찾아냈고 최선을 다해서 건물 내에 있는 모든 사람과 긍정적 태도를 나눴다.

감독은 선수 및 코치진만 상대하는 것이 아니라 건물 여기 저기에 흩어져 있는 수많은 사람들과 소통해야 한다. 나는 시시 때때로 코치진, 선수, 구단주, 사장, 단장, 트레이너, 팀 닥터, 원정여행 준비팀, 홍보팀, 중앙 및 지역 언론, 라디오 및 TV 협찬사, 사회공헌 활동팀 등을 만났다. 이런 만남이 언제나 긍정적이고 행복한 결과만 가져오는 것은 아니었다. 사실 이런 미팅은 뭔가 즉각적인 해결책이 필요해서 주선되는 경우가 많았다. 그러나 나쁜 날을 만들지 않겠다는 결심 덕분에 나는 이런 상황에 좀 더 잘 대처할 수 있었고 하루에도 수차례씩 일어나는 여러 소동에 조직의 다른 부문들이 일희일비하지 않게 할 수 있었다.

매일매일 어려운 일이 생겼을 때 내가 다른 사람을 돕겠다는 마음으로 긍정적으로 임하면, 내 정신 건강에도 좋을 뿐만 아니라 조직 전체의 분위기에도 영향을 미쳐서 모두가 최상의 기량을 발휘하는 데 도움이 되었다. 태도는 보디랭귀지에서, 표정에서, 행동거지에서, 목소리 톤에서 모두 드러난다. 리더는 조직이나 팀의 분위기와 태도를 좌우한다. 하루 종일 매 순간 순간 누군가는 여러분에게서 어떤 뉘앙스를 읽는다. 긍정적 태도를 가지려면 연습이 필요하고 또 마음가짐도 고쳐먹어야 하지

라커룸 리더십

만, 충분히 그럴 만한 가치가 있다.

라커룸에도 전염성 있는
리더가 필요하다

마이크 스미스

나는 또 긍정적 태도를 가진 팀원이 경기장 안팎에 미치는 영향을 목격한 적도 있다. 우리 팀의 첫 번째 스크리미지[8] 때였다. 공격 코치인 마이크 멀라키Mike Mularkey와 나는 선수들 뒤편에 서 있었고, 우리 팀 신인 선수인 맷 라이언이 본인의 NFL 사상 첫 작전 지시를 내리는 소리가 들렸다. 맷 라이언은 마치 베테랑 쿼터백처럼 자신감에 찬 목소리로 실제 베테랑인 리시버[9]에게 공을 높이 던져줄 테니 올라가서 받으라고 했다. 1년차 쿼터백이 그렇게 자신 있게 생각하고 말하는 경우는 잘 없다. 스크리미지가 끝나고 나는 마이크를 마주보며 말했다. "이제야 우리한테도 쿼터백이 생긴 것 같군." 맷 라이언의 긍정적 태도와 경

---

8. 스크리미지(scrimmage) : 태클 당한 지점에서 공을 사이에 두고 대치한 채로 다시 시작하는 것.
9. 쿼터백이 던진 패스를 받는 포지션.

라커룸 리더십

기에 대한 접근 방식은 다른 식으로도 전염성이 있었다. 맷 라이언은 언제나 실력을 향상시키려고 노력했는데 시즌 중이건 오프시즌이건 가리지 않았다. 한 예로 맷 라이언은 해마다 자신만의 오프시즌 프로젝트를 만들었다. 스스로 더 나은 선수가 되는 데 도움이 될 거라고 느끼는 부분을 집중적으로 연구하는 것이다. 어느 해엔가는 NFL 쿼터백 중에서 패스 성공률이 5위 안에 드는 선수들을 조사해서 그들이 직전 해에 던진 모든 패스를 평가했다. 맷은 그들이 어떻게 던지고 있고, 왜 그렇게 성공률이 높은지 알고 싶었다. 그다음 해에는 맷이 패스 성공률 5위 안에 들어 있었다. 체중을 늘려 힘을 키우는 데만 집중한 해도 있었다. 맷은 오프시즌 프로그램이 공식적으로 시작되기 벌써 몇 주 전에 체력단련실에 가장 먼저 나타나 오프시즌의 분위기를 잡았다. 맷이 벌써 체력단련실에서 운동을 시작했다는 소문이 돌면 머지않아 대부분의 선수들이 공식 훈련 일정이 시작되기도 전에 몸만들기를 시작했다.

맷의 긍정적 태도와 훌륭해지려는 욕심은 조직과 팀의 다른 사람들에게까지 전염되었다. 경기장 내에서도, 밖에서도 우리 신입 쿼터백만큼 열심히 노력하는 사람은 없었다. 이런 유형의 리더나 멘토가 팀에 있어야 성공의 기회를 극대화할 수 있다. 운 좋게도 이런 특징을 지닌 팀원들이 몇 명 있고, 코치진이나 경영진이 그들을 적극 끌어안을 수 있다면, 그 울림은 조직 전체로 퍼져나갈 것이다. 그렇게 되면 다른 팀원들이나 조직의 기대치를 높이는 데도 도움이 될 것이고, 그 과정에서 팀이나 조직 내의 다른 사람들도 진취적으로 변할 것이다.

이제 곧 명예의 전당에 들어가게 될 토니 곤잘레스[Tony Gonzales]도 우리 팀의 훌륭한 리더였다. 전염성이 있는 리더가 되는 데는 여러 방법이 있다. 목소리가 큰 사람도 있고, 조용히 행동으로 표현하는 사람도 있다. 우리 팀에 합류할 당시 토니는 리그 최고의 선수였을 뿐만 아니라 역대 타이트 엔드[10] 중에서도 명실상부 최고의 선수라고 할 수 있었다. 토니는 루틴[11]을 중시했다. 토니는 조금이라도 연습을 더 하기 위해서 연습 전에, 연습 중간에, 그리고 연습이 끝나고 반드시 실행하는 루틴이 있었다. 토니는 훈련 시작 15분 전에 경기장에 나와 패스 받는 연습을 했다. 훈련 스케줄 중간에 잠시라도 짬이 생기면 공 잡는 기술을 연습하거나 전방 패스를 잘 받기 위한 풋워크를 연마했다. 얼마 지나지 않아 다른 선수들도 토니의 그런 루틴을 알아채게 되었다. 그렇게 며칠이 지나고 몇 주가 지나자, 팀 내 거의 모든 선수가 훈련 중 자유 시간이 생기면 각자의 포지션에 필요한 특정 기술을 연습하기 시작했다. 훈련 중 자유 시간에 토니가 하는 것을 보고 다들 따라하게 된 것이다. 리시버와 쿼터백들은 자신들만의 루틴을 만들어 공 잡는 연습과 루트 러닝[12]을 추가로 연습했

---

10. 타이트 엔드(tight end) : 미식축구에서 공격시 라인맨과 리시버를 겸할 수 있는 포지션.

11. 루틴(routine) : 늘 하던 순서대로 밟는 일종의 습관.

12. 루트 러닝(route running) : 전방 패스를 받기 위해 약속된 경로로 뛰어가는 것.

다. 포지션이 다른 선수들이 서로 협동해서 특정 기술을 연마하는 모습도 흔히 볼 수 있는 광경이었다. 그렇게 선수들은 더 나은 선수, 더 나은 팀메이트가 되어가고 있었다. 토니는 전염성이 있는 리더였고, 말없이도 선수들을 리드했다. 착실한 일꾼처럼 조용히 모범을 보여주는 토니의 리더십은 큰 울림이 있었고, 은퇴할 때까지 수백 명의 선수들에게 영향을 미쳤다.

전염성을 가진 리더십을 이야기할 때 또 한 명 빼놓을 수 없는 사람이 레이 루이스^{Ray Lewis}이다. 내가 볼티모어 레이븐스의 코치로 있을 때 레이 루이스는 팀의 선수로 뛰고 있었다. 레이는 지금 은퇴했지만 레이븐스가 아직까지도 훌륭한 수비를 자랑하는 데는 레이의 공로가 크다. 레이가 전염시킨 태도 덕분에 우리 팀은 역대 NFL 사상 한 시즌 최저 실점 기록을 세웠다. 레이븐스에서 레이는 목소리도 크고, 감정적이고, 열정이 넘치는 리더였다. 경기장 안에서고 밖에서고 직업윤리가 철두철미했다. 특히 책임감을 중시했다. 첫째, 레이는 항상 스스로에 대해 책임을 졌고, 그다음에는 자기 옆에 나란히 서 있는 선수들에 대해 책임을 졌다. 언제나 레이는 우리 모두가 서로가 서로에게 의지하고 있다는 사실을 팀원들 전부가 확실히 알게 했다. 레이는 자신이 하는 일을 믿기지 않을 만큼 사랑했다. 그는 주변의 모든 사람이 잘 준비되어 있기를 바랐다. 레이는 리더를 키우는 리더였고, 레이의 멘토링을 받은 많은 선수들은 이후로도 계속 노력을 이어가 훌륭한 선수로 당당하게 성장했다. 볼티모어 팀에서 레이의 준비 태도에는 강한 전염성이 있었고, 매주 경기 전날까지 일주일간 진행되는 전 준비 과정의 세세한 부분에까지 모든 사람이 집중하게 하는 힘이 있었다. 경기 당일 맡은 바 책임을 다하기 위해 육체적으로나 정신적으로나 그토록 잘 준비된 선수들은 처음이었다. 그리고 그들의 그런 헌신은 모두 레이 덕분이었다. 레이는 주변의 모든 사람을 더 훌륭하게 만드는 선수였다.

팀 내의 각 포지션 그룹별로 이런 전염성을 가진 리더나 멘토가 한 명씩 있다면 더 바랄 것이 없을 것이다. 각 포지션 그룹을 조직 내의 각 부서라고 생각하면 된다. 내가 겪어본 가장 성공적인 팀들은 각 포지션 별로 이렇게 전염성을 가진 리더들이 멘토링을 하고 있었다.

성공하는 팀을 만들고 싶다면 전염성을 가진 리더들이 있어야 한다. 맷 라이언, 토니 곤잘레스, 레이 루이스, 마이크 피터슨 Mike Peterson, 마커스 스트라우드 Marcus Stroud, 로드 우드슨 Rod Woodson, 브라이언 피너란 Brian Finneran, 트렌트 딜퍼 Trent Dilfer 같은 사람들 말이다. 라커룸에 있는 사람들과 리더를 통해 팀 문화가 살아날 것이다. 팀의 에너지를 다 빨아먹는 사람들 말고, 팀 문화를 강화할 수 있는 꼭 맞는 팀원들로 팀을 만들어라. 여러분이 아무리 리더로서 그리고 코치로서 할 수 있는 모든 일을 제대로 해낸다고 해도, 긍정적인 멘토와 팀원들이 없다면 팀이나 팀 문화는 산산이 부서질 수밖에 없다.

에너지 귀신 절대 사절

존 고든

긍정적인 리더의 파급력에 대해서는 마이크가 정말 잘 이야기했다고 생각한다. 부정적인 팀원이 있으면 팀 전체에 해를 끼친다는 것은 꼭 맞는 말이다. 감독이 부정적이면 팀 전체의 성적을 망쳐놓을 수 있다. 감독은 팀원들에게 신념이라는 선물을 줄 수도 있고, 의구심이라는 저주를 내릴 수도 있다. 부정적인 팀원 한 명이 팀을 망칠 수 있다는 것도 사실이다. 한 사람이 팀을 만들 수는 없어도, 팀을 박살낼 수는 있다. 긍정적 기운을 전염시키는 팀을 만들고 싶다면 긍정적 비전과 신념, 태도를 공급해야 할 뿐만 아니라, 팀 내의 부정적인 기운을 잘라내야 한다. 말 그대로 '에너지 귀신 절대 사절'이라는 문구를 써 붙이고, 팀원들에게 여러분의 비전을 방해하거나 앞으로 만들어나갈 팀을 망칠 수 있는 부정적 기운은 용서하지 않겠다고 얘기해야 한다. 조지아대학교 미식축구팀 감독인 마크 리히트^{Mark Richt}가 실제로 이렇게 해봤는데 효과는 강력했다.

4년 전 마이크 스미스와 함께 나를 방문했던 마크는 이후 내게 전화를 걸어 팀원들이 『에너지 버스』를 읽고 있다면서 강연을 해줄 수 있냐고 물었다. 나는 시즌 시작 전에 강연을 했는데, 안타깝게도 마크의 팀은 첫 두 경기를 패했다. 조지아대학교는 지난 몇 년간 기대에 미치지 못하는 성적을 내고 있었고, 언론에서는 마크가 곤경에 처해 있다면서 이번 시즌 성적이 좋지 못하면 해고될 거라고 보도했다. 두 번째 경기를 패한 후에 나는 마크에게 문자 메시지를 보냈다. "저는 그쪽 팀을 믿습니다. 분명 다함께 분위기를 반전시켜 놓을 거예요." 마크는 이렇게 답장을 보내왔다. "존, 선수들은 아직 버스에서 내리지 않았어요. 우리 팀은 지난 몇 년간 에너지 귀신들이 팀을 망치게 냈지만 올해는 아니에요. 이번엔 절대 그렇게 내버려두지 않을 겁니다." 마크는 화가를 시켜서 회의실에 선수들이 앉으면 마주보게 되는 벽에 커다란 에너지 귀신 그림을 그렸다. 그리고 에너지 귀신처럼 행동하는 선수나 코치가 있으면 그 사람의 사진을 찍어서 그 벽에 걸었다. 거기 사진이 걸리고 싶은 사람은 아무도 없었다. 이것은 아무리 힘든 역경과 고난이 있어도 팀이 끝까지 긍정적 태도를 유지할 거라는, 마크가 팀원들에게 보내는 메시지였다. 효과가 있었다. 조지아대학교는 그다음 열 경기를 내리 승리했고, 결국 미국 남동부 대학연합 챔피언십까지 진출했다.

지난 시즌에 나는 테네시대학교 미식축구팀에서 강연을 하며 이 사례를 들려주었다. 내가 강연을 마친 후, 부치 존스^{Butch} ^{Jones} 감독은 선수 10명의 이름을 호명하며 좀 남으라고 했다. 내가 그 10명이 누구냐고 묻자 부치 감독은 이렇게 답했다. "아, 우리 팀 에너지 귀신들이에요."

내가 말했다. "음, 지금 바로 상대하시려고요?"

부치 감독은 이렇게 말했다. "네. 기다려서 뭐 하겠어요?" 내가 복도에서 체육단장과 이야기를 나누고 있는데 회의를 끝낸 부치 감독이 복도로 걸어 나왔다. 어땠냐고 물었더니 부치 감독은 이렇게 말했다. "확실히 효과가 있더군요. 선수들 대부분이 자기가 에너지 귀신이었다는 걸 인정하고 팀에 긍정적 영향을 주겠다고 약속했어요. 이번 시즌에는 이 선수들이 우리 팀의 변화를 주도할 겁니다. 하지만 몇 명은 도무지 무슨 말인지 감을 못 잡더라고요. 바뀔 생각도 없고요. 그 선수들은 하차시킬 겁니다."

그해 테네시대학교 미식축구팀은 많은 역경을 극복했다. 그리고 몇 년 만에 처음으로 포스트시즌에 진출했다. 다 함께 긍정적 자세를 유지할 때 모두가 이길 수 있다는 것을 보여준 훌륭한 사례였다. "기다려서 뭐 하겠어요?"라던 부치 감독의 말을 나는 절대로 잊지 못할 것이다. 이기는 팀을 만들고 싶다면 부정적인 것들이 아예 발붙일 수 없는 긍정적 문화를 만들어야 한다. 부정적인 것들을 더 빨리 근절할수록 팀도, 팀 문화도 더 튼튼해질 것이며 긍정적 기운도 더 많이 전염될 것이다.

불평불만 하지 않기

마이크 스미스

팀에서 부정적인 것들을 근절하려면 에너지 귀신처럼 눈에 띄는 부정적 요소 외에도 불평불만 같은 눈에 띄지 않는 요소 들까지 차단해야 한다. 팀에서 에너지 귀신이 누구인지는 금방 알 수 있지만, 불평불만은 종종 수면 아래에서 눈에 띄지 않게 자라고 있을 수 있다. 그것들을 그대로 방치했다가는 팀에 참변 을 불러올 수도 있다. 그래서 나는 존 고든의 『불평불만 하지 않 기』The No Complaining Rule를 읽은 후 '불평불만 하지 않기 훈련 캠프'라 는 것을 만들었다. 팀 전체에 여름 독서용으로 이 책을 나눠주 고 '불평불만 하지 않기'라고 쓰인 팔찌도 주면서 팀원들에게 불평불만은 허용하지 않겠다고 말했다. 불만이 있을 경우에는 함께 제시할 수 있는 해결책도 있을 때에만 내게 그 문제를 가 져올 수 있었다. 뜨겁고 길기만 한 애틀랜타의 8월 한 달 동안 우리 팀은 활기를 유지하는 긍정적인 팀이 되어야 했다. 별것도

라커룸 리더십

아닌 문제에 대해 불평불만이나 하는 집단이 되어서는 안 되었다. 이 방법은 효과가 아주 좋아서 우리는 그 해를 '불평불만 없는 시즌'으로 선언했고, 선수들은 항상 그 팔찌를 차고 다녔다. 직원들 중에도 계속 그 팔찌를 차고 다니는 사람이 많았다. 내 경우에는 5년이 넘게 차고 다녔고, 가족들에게 나눠주고 싶다면서 팔찌를 더 부탁하는 선수들도 있었다. 우리는 다른 부서에도(심지어 마케팅팀이나 인턴들까지) 이 책을 읽게 하고 팔찌를 차도록 했다. 아주 훌륭한 방법이었고 우리 팀에 확실히 긍정적 영향을 미쳤다. 선수들은 불평을 하다가도 스스로 불평하고 있다는 사실을 깨닫고는 얼른 멈추었다. 선수들은 불평불만이 팀에도, 라커룸에도 해가 된다는 사실을 깨달았다. 라커룸 분위기가 긍정적일 때 운동장에서도 좋은 경기가 나온다는 것을 알 수 있었다.

우리가 무슨 생각을 하느냐는 중요하다. 우리가 내뱉는 말에는 강력한 힘이 있다. 보디랭귀지는 언제나 누군가가 지켜본다. 우리가 팀메이트, 동료들과 함께 공유하는 에너지는 정말로 중요하다. 우리 팀은 불평불만을 하는 대신, 싸울 수 있는 기회가 주어지고 우리가 그토록 좋아하는 경기를 할 수 있고 더 나아질 수 있다는 점에 감사하기로 했다. 지금 불평불만을 하고 있다면 여러분은 리더가 아니다. 리더는 불평불만을 하지 않기 때문이다. 훌륭한 리더는 긍정적 기운을 전염시킨다. 긍정적 비전과 신념, 태도, 격려를 팀원들과 공유하는 데 더 많은 시간을 써라.

그렇게 한다면 '나쁜 하루'는 없을 것이며, 팀원들에게나, 여러분 자신에게나 매일이 '훌륭한 하루'가 될 가능성이 커질 것이다.

CONSISTENT

3장

일관성을 유지하라

일관성이 없다면
팀원들의 신뢰를 잃을 것이다.
신뢰를 잃는다면
라커룸에서 이미 진 것이다.

일관성이 있어야
라커룸에서 이긴다

마이크 스미스

너무나 자주 보는 장면이 하나 있다. 시즌 초에는 다들 하나의 철학과 태도를 가지고 시작한 감독들이 팀이 패하기 시작하는 순간 방법과 태도가 돌변하는 장면이다. 리더라면 리더십 스타일과 접근법, 태도, 철학, 전략에 일관성이 있어야 한다. 친구처럼 늘 응원하는 태도로 시작했던 감독이 갑자기 모두의 미움을 받는 감독으로 일변할 수는 없다. 늘 격려하던 감독이 경멸을 일삼는 감독이 되어서도 안 된다. 한 해가 끝날 때까지 일관성을 유지할 수 없다면 팀원들의 신뢰를 잃을 것이고, 그렇게 되는 순간 라커룸에서 먼저 질 것이며, 경기에서도 패할 것이다. 그렇다고 해서 단 한순간도 화를 내거나 좌절해서는 안 된다는 얘기가 아니다. 누구나 화가 날 때도 있고 좌절하기도 한다. 기대치가 높고 가끔씩 소리를 지르는 감독이라면 선수들도 여러분의 스타일을 알 것이고 다음번에도 같은 모습을 기대할 것이다. 핵심은 자신의 있는 모습 그대로, 승률이 어떠하든 1년 내내 평소의 모습으로 선수들을 지도하는 것이다. 선수들은 감독의 기대가 무엇인지 알 수 있어야 한다. 그 어떤 역경과 고난이 있어도 감독이 원칙과 철학을 고수한다는 것을 알아야 한다. 8연패를 당하고 있을 때에도 8연승을 달리고 있을 때와 같은 모습의 감독이어야 한다. 쉬운 일은 아니다. 특히나 팀이 계속 패배하고 압박이 커진다면 말이다. 하지만 감독이 그렇게 한결같은 모습을 보이지 못한다면 실패는 정해진 운명이다. 선수들은 가뭄기에 감독이 보여줬던 모습을 추수기에도 기억할 것이다.

길게 보면 일관성이 승리한다

존 고든

내 친한 친구인 톰 플릭^{Tom Flick} 은 워싱턴 레드스킨스^{Washington Redskins}의 조 깁스^{Joe Gibbs} 감독 밑에서 쿼터백으로 뛰었다. 대부분의 사람들은 조 깁스 감독이 팀을 처음 맡았던, 정말 안 좋았던 시절의 레드스킨스를 기억하지 못한다. 조 깁스 감독이 부임한 첫 해에 레드스킨스는 5연패로 시즌을 시작했다. 톰의 얘기에 따르면 다섯 번째 경기에서 졌을 때 선수들은 감독이 경기 후 라커룸에서 한바탕 할 거라고 생각했다고 한다. 감독은 할 얘기가 있다고 했고 선수들은 한 자리에 모였다. 감독이 장광설을 늘어놓을 거라고 다들 생각하던 그 순간 조 깁스 감독은 이렇게 말했다. "제군들, 이제 거의 다 왔다." 조 깁스 감독은 선수들을 격려하면서, 훈련 캠프 내내, 그리고 시즌 내내 해왔던 그대로 과정에 집중했다. 조 깁스 감독은 일관성이 있었고, 그 해 레드스킨스를 8승8패로 이끌었을 뿐만 아니라, 결국에는 슈퍼볼

3회 우승으로 이끌었다.

　조 깁스처럼 훌륭한 모범 사례도 있지만 현실은 일관성을 유지하기가 쉽지 않다는 사례가 훨씬 많다. 상황이 힘들고, 매일매일 스트레스를 받고, 한눈 팔 일이 생기다 보면 누구나 경로를 이탈할 수 있다. 길을 잃기는 쉽다. 이럴 때 나는 피트 캐럴의 조언에 귀를 기울여보라고 말한다. 내 친구 로드 올슨^{Rod Olson}이 피트 캐럴에게 제일 어려운 부분이 뭐냐고 묻자 피트는 이렇게 답했다. "지금 제일 어려운 건 일관성을 유지하는 일입니다. 항상 '한결같은 사람'이어야 해요. 일관성을 유지하려면 부단히 노력하지 않으면 안 됩니다. 온전히 현재에 집중할 수 있게 나 자신을 단련해야만 내 앞에 있는 한 사람, 한 선수에게 집중할 수 있습니다. 그리고 그래야만 함께 있는 그 순간의 효과를 극대화할 수 있어요. 제가 도전해야 할 과제는 아주 일관되게 낙천적인 자세를 유지해서 조직 내의 모든 사람이 내일은 오늘보다 더 나을 거라고, 모두가 당연히 그렇게 보고 있다고 느끼게 만드는 겁니다."

울적한 것은 옳지 않다

존 고든

일관성을 유지해야 하는 사람은 감독만이 아니다. 각 팀원 역시 일관성이 있어야 한다. 한 번은 내가 대학 여자농구팀을 방문했을 때였다. 코치들 말이, 종종 기분이 안 좋은 선수 중 한 명이 팀에 부정적인 영향을 주어서 집으로 돌려보내야 할 때가 있다고 했다. 다른 선수들도 그런지 물었더니, 가끔 집으로 돌려보내는 선수가 몇 명 된다고 했다. 나는 그 선수들이 항상 기분이 안 좋으냐고 물었다. 해당 선수들은 긍정적일 때도 있고 부정적일 때도 있다고 했다. 기분이 오락가락하는 것이다. 코치들은 이 선수들을 종잡을 수가 없었고, 같은 팀 선수들도 마찬가지였다. 그날 강연을 하면서 나는 선수들에게 일관성을 유지하는 것이 중요하다고 했다. 긍정적 기운을 전염시키라고 요구했다. 기분이 울적한 것은 옳지 않다고 대놓고 말했다. 여러분이 울적해 하면 주위 사람들도 어찌할 바를 모르고, 그렇게 되면 더 이상 여러분을 신뢰할 수 없게 된다고 얘기했다. 학교에서 또는 사생활에서 무슨 일이 있었건, 라커룸에 들어서는 순간 여러분은 팀원들에게 긍정적 영향을 주겠다고 결심해야 한다고 말했다. 이기는 팀을 만들려면 태도에서, 노력에서, 행동에서 일관성을 유지해야 한다. 매사에 최선을 다할 수 있도록 언제나 훌륭한 태도를 유지하라. 매일매일 최고의 내 모습이 되는 데 집중하라. 바람 부는 대로 이리저리 휘둘리지 마라. 주변에 무슨 일이 일어나도 흔들리지 않는, 뿌리가 튼튼한 나무가 되라. 모두가 신뢰하고 기댈 수 있는 리더가 되라.

훌륭해지겠다는 욕심을
일관되게 가져라

마이크 스미스

내가 지도했던 선수들 중에서도 가장 훌륭한 선수들은 훌륭해지겠다는 욕심을 일관되게 갖고 있었다. 운 좋게도 나는 전 세계에서 가장 훌륭한 코치 및 선수들과 함께 할 기회가 있었다. 최고 중에서도 최고인 사람들은 다들 한 가지 공통된 특징이 있었다. 바로 '훌륭해지겠다는 욕심'이다. 루틴과 준비를 보면 그 사람의 욕심을 알 수 있다. 레이 루이스는 역사상 최고의 라인배커[13]가 되겠다는 강렬한 욕심이 있었다. 그는 일별, 주별, 연간으로 아주 꼼꼼한 계획을 세워 경기를 준비했다. 다른 그 어느 선수도 감히 비교가 안될 만큼 공 들인 준비 과정이었다. 레이 루이스는 전력투구했다. 최대한 준비된 상태로 경기에 임하기 위해 자신이 할 수 있는 모든 일을 했다. 가능성이 있다면

---

13. 라인배커(linebacker) : 수비라인 좌우 및 뒤쪽에서 백업하는 수비수.

시도해보지 않은 방법이 없을 정도였다. 레이는 조직 내에서 자신이 접촉하는 모든 사람의 능력을 한 차원 끌어올렸다.

잭 델 리오Jack Del Rio도 마찬가지의 선수이자 코치였다. 내가 볼티모어 레이븐스에 있을 당시 잭과 나는 같은 코치진에 있었고, 잭슨빌 재규어스에서는 잭은 감독, 나는 수비 코치로 있었다. 코치가 되기 전에도 잭은 NFL에서 아주 훌륭한 선수였다. 잭이 선수로서는 기대 이상이었다고 말하는 사람들도 있다. 잭은 11년간 선수로 뛰었고, 1994년에는 올스타에 선발되었다. 누가 뭐래도 이 정도면 성공한 선수이자 그 성공을 오래 유지한 사람이라고 할 수 있을 것이다. 레이븐스의 코치진으로 있을 때 잭과 나는 1년 중 시기에 따라 선수들의 마음가짐이 어떻게 다른지에 대해 자주 얘기를 나누곤 했다. 그 심리를 알면 연간 계획을 수립하는 데 도움이 되기 때문이다. 재규어스의 감독으로 있을 때 잭은 시즌 내내 하나의 루틴을 만들어 지켜나가는 것이 얼마나 중요한지에 관해 팀원들에게 자주 이야기했다. 잭은 본인이 선수일 때 지켰던 루틴에 관해 들려주면서 NFL의 고된 한 시즌을 견뎌내기 위해 신체적으로, 정신적으로 준비할 수 있는 여러 가지 방법들을 제안했다. 잭에게도, 리그의 다른 선수들에게도 효과가 좋았던 체계를 알려준 것이었다. 잭은 루틴을 따르면서 일관성 있게 준비하는 것이 중요하다고 말했다. 훌륭한 선수가 되기 위해서는 자신을 훌륭해지도록 준비시켜줄 루틴이 필요하다는 것을 잭은 알고 있었다. 잭의 이야기는 선수들

라커룸 리더십

에게 강렬한 메시지를 던졌고, 나도 종종 우리 팀에 그 메시지를 공유했다.

감독으로서 내가 가장 우선시 했던 것 중 하나는 이처럼 팀원들이 훌륭해지겠다는 욕심을 계속 간직하게 만드는 것이었다. 유감스럽게도 2013년에는 내가 우리 팀이나 조직을 다소 현실에 안주하도록 내버려두었다는 느낌이 든다. 어쩐지 우리는 어떻게 해도 우리가 성공할 것만 같았고, 그래서 그전까지 성공하는 데 필요했던 그 많은 '사소한' 것들을 잊고 말았다.

현실 안주는 병이다

마이크 스미스

'현실 안주'라는 병폐가 엄습하지 못하게 조심해야 하는 것은 그 어느 팀이나 조직도 마찬가지다. 이 병은 초기 단계에는 감지하기가 아주 힘들 수도 있다. 실은 거의 눈에 띄지 않고 지나갈 수도 있다. 리더라면 현실에 안주하는 태도가 팀 내에 아예 싹트지 못하게 해야 한다. 현실에 안주하는 태도는 일단 싹트고 나면 그 어떤 잡초보다 빠르게 퍼져나가기 때문이다. 앞선 성공이 미래의 성공도 보장해줄 거라고 믿기 시작하는 순간, 팀원들은 현실에 안주하게 된다. 2013년 애틀랜타 팰컨스의 경우 NFL의 다른 팀들이 지난 다섯 시즌 동안 최고의 자리에 있었던 우리를 대체하기 위해서 얼마나 많은 노력을 기울였는지 보지 못했다. 팀으로서도, 조직으로서도 우리는 더 이상 '과정'에 집중하지 않았다. 직전 해에 NFC 챔피언십을 치렀던 우리 팀은 2013년에는 4승 12패로 시즌을 마감했다. 변명의 여지가 없

라커룸 리더십

었고, 책임은 감독인 나에게 있었다. NFL은 변명이 통하지 않는 곳이다. 통제 불가능한 요소들(부상이나 불운 등)에 책임을 전가할 수는 없다. 나는 선수들이 '당연히 올해에도 플레이오프에 진출하고 NFC 챔피언십, 나아가 슈퍼볼을 치르게 되겠지'라고 생각하게끔 내버려둘 것이 아니라, 그전 시즌까지 했던 것을 그대로 했어야 했다. 위기의식을 더 고취하고, 훌륭해지겠다는 욕심에 집중하고, 뭘 더 개선해야 할지 찾아내고, 그리고 가장 중요하게는, 결과가 아니라 '과정'에 집중했어야 했다.

NFL에서 승패는 정말로 종이 한 장 차이다. 매 경기 대여섯 번의 플레이로 승패가 갈린다. 대부분의 비즈니스도 이만큼 경쟁이 치열하다. 현실에 안주했다가 망한 팀이나 조직, 회사는 수두룩하다. 경쟁자들이 그들을 따라잡기 위해 밤낮으로 기를 쓸 때 앞을 보지 못하고 과거의 영광에 안주했기 때문이다. 한 해가 끝나면 반드시 조직 전체에 대한 광범위한 평가를 실시해야 한다. 잘한 일은 무엇이고, 무엇은 기대에 미치지 못했는지 찾아내야 한다. 이 과정이 중요한 이유는 미래에도 어김없이 혁신하고 개선할 수 있는 방법을 찾기 위해서다. 목적지가 아니라 과정에 집중할 때에만 '훌륭해지겠다'는 욕심이 최우선 목표가 된다. 그리고 그래야만 '현실 안주'라는 병폐가 감히 범접하지 못한다. 현실에 안주하는 태도는 절대로 여러분이 원하는 태도가 아니다. 여러분이 원하는 것은 부단한 개선과 끊임없는 코칭, 그리고 그칠 줄 모르는, 훌륭해지겠다는 욕심이다.

부단한 개선

존 고든

조금 전에 마이크가 얘기한 교훈은 정말로 중요하다. 최고의 감독이나 팀조차도 과거에 집착하느라 미래를 만들지 못하는 실수를 저지를 수 있다. 역사상 가장 훌륭한 미식축구 감독 중 한 명인 빌 월시는 '실패가 아니라 성공이 두렵다'는 얘기를 자주 했다. 그는 일단 어느 선수나 팀이 성공하고 나면, 현실에 안주하여 더 나아지고 싶은 욕구를 갖지 않을까봐 걱정했다. 그런 장면을 너무나 많이 보았기 때문이다. 어느 팀이 챔피언십에서 우승하거나, 어느 선수가 훌륭한 한 시즌을 보내고 나면, 그 다음해에는 그냥 운동장에 발을 내딛기만 해도 같은 결과가 나올 줄 안다. 성공을 만들어내는 것은 고된 노력과 열정, 부단한 개선이라는 사실을 깨닫지 못하는 것이다. 최고의 선수나 팀들은 매년 그전 해보다 더 나아지겠다고 마음을 다잡는다. 실제로 미래의 성공은 과거의 성공과는 아무런 상관이 없다. 미래의 성공은 얼마나 노력하고, 준비하고, 연습하느냐, 그리고 매일매일 얼마나 더 나아지려고 분투하느냐에 달려 있다. 최고 중에서도 최고들은 매주, 매일, 매 시간, 매 순간마다 그렇게 마음을 다진다. 끊임없이 이기고 싶다면 끊임없이 더 나아져야 한다.

겸손하게, 목마르게

존 고든

항상 더 개선하고 성장하는 팀의 특징을 두 단어로 표현하면 '겸손'과 '갈증'이다. 승자가 되려는 팀이건, 혹은 이미 성공의 정점을 찍었건, 다음 사항들을 반드시 기억해야 한다.

겸손하라

- 다 안다고 생각하지 마라. 평생을 배운다는 마음가짐으로 언제나 더 배우고 성장하고 개선할 방법을 찾아라.
- 경쟁자를 비롯한 모든 사람을 스승이라 생각하고 그들로부터 배워라.
- 새로운 아이디어와 전략에 마음을 열고 개인과 팀을 한 차원 높은 곳으로 끌어올려라.

    라커룸 리더십

- 누가 당신에게 훌륭하다고 하거든, 마음에 담아두지 마라.
  (누가 당신을 거지 같다고 해도 마음에 담아두지 마라.)
- 끝까지 겸손하라. 훌륭함의 문턱에 다다랐다고 생각하는 순간, 문은 눈앞에서 '쾅'하고 닫힐 것이다.
- 오늘의 헤드라인도 내일은 분리수거할 쓰레기가 된다는 점을 기억하라.

갈증을 느껴라

- 여러분과 팀을 안일한 태도에서 벗어나게 해줄 새로운 아이디어, 전략, 방법을 찾아라.
- 훌륭해지기 위해 필요한 대가를 기꺼이 치르겠다고 마음먹어라. 평균이 되지 마라. 훌륭해지기 위해 분투하라.
- 내가 아는 그 어느 팀보다 열심히 노력하는 팀이 되라.
- 과정을 사랑하라. 그러면 사랑스러운 결과를 얻을 것이다.
- 생활도, 일도 탁월함을 찾아가는 여정으로 만들어라. 매일 매일 어떻게 하면 어제보다 나은 내가 될 수 있을지 자문하라.
- 과거의 영광에 안주하지 마라. 내 최고의 걸작은 다음 번 작품으로 만들어라.

COMMUNICATE

4장

끊임없이 소통하라

소통 사이에 공백이 생기면
부정적인 것들이 그 자리를 채운다.
훌륭한 소통으로 공백을 메워라.

감독이 할 수 있는
가장 중요한 일

존 고든

NBA 농구팀 LA 클리퍼스^{Los Angeles Clippers}의 감독 닥 리버스^{Doc Rivers}와 저녁 식사를 하던 중이었다. 감독으로서 그가 하는 가장 중요한 일이 뭐냐고 물었더니 그는 이렇게 말했다. "팀원들과 소통을 합니다. 그냥 단체로 소통하는 게 아니라, 한 명 한 명 개별적으로 소통합니다. 한 명 한 명 그들이 지금 처한 상황을 알아야, 내가 원하는 위치로 끌고 올 수 있으니까요. 자주 소통하기 때문에 개인적으로 힘든 사람이 누군지, 누구는 격려가 필요하고 누구는 자극이 필요한지 알 수 있죠." 그렇다면 감독으로서 개선하고 싶은 부분은 무엇이냐고 물었더니 그는 이렇게 말했다. "내 소통 방법을 개선하고 싶습니다." 나는 입이 떡 벌어지고 말았다. 수많은 스포츠 감독들 중에서도 가장 소통을 잘한다는 소리를 듣는 사람이 소통 방법을 더 개선하고 싶다고 말하고 있었던 것이다. 소통이 얼마나 중요한지, 그리고 모든 리더가 얼마나 소통에 집중해야 하는지 알려주는 훌륭한 일화다.

소통은 모든 훌륭한 인간관계의 토대다. 소통은 신뢰를 쌓는다. 신뢰는 헌신을 낳는다. 헌신이 팀워크를 키우고, 팀워크가 결과를 낳는다. 소통이 잘 되지 않고서는 신뢰도 쌓이지 않고 튼튼한 인간관계도 맺을 수 없다. 튼튼한 인간관계 없이 강한 팀은 만들어지지 않는다. 실제로 결혼생활이 파탄 나는 경우는 대부분 소통이 부실하기 때문이다. 팀이 파탄 나는 경우도 대부분 소통이 부실하기 때문이다. 나는 소통 사이에 공백이 생기면 부정적인 것들이 그 자리를 채우는 것을 발견했다. 훌륭한 소통이 없으면 부정적인 것들이 그 공백을 메우고, 알을 까고 번식해 전염성을 지닌 부정 에너지를 순식간에 사방에 퍼뜨린다. 핵심 열쇠는 닥 리버스의 충고처럼 소통을 최우선에 두는 것이다. 그렇게 하면 이기는 팀을 만들기 위한 기초는 사람과 사람 사이의 관계라는 것을, 그리고 그 관계의 시작은 소통이라는 것을 알게 될 것이다. 내가 마이크 스미스와 이렇게 오래 협업해오면서 '리더' 마이크에게 가장 감탄하는 점은 그가 팀원들과 소통하는 방식이다. 마이크는 이야기하지 않겠지만, 마이크의 선수들이나 그를 아는 모든 사람들이 가장 많이 하는 말은 '모두가 스미티(마이크의 별명이다)를 좋아한다'는 것이다. 사람들이 마이크를 좋아하는 이유 중에 하나는 마이크가 소통을 워낙 잘 하기 때문이다. 대체 어떻게 하는 것인지 마이크로부터 직접 그 설명을 들어보기 바란다.

1대1 소통

마이크 스미스

나는 소통에 관해서 딕 리버스가 존에게 한 말을 무척 좋아
한다. 그 말이 내게 이토록 깊은 울림을 갖는 것은 나의 리더십
스타일이나 리더십 철학에서도 소통이 가장 핵심적인 토대이기
때문이다. 앞서 이야기한 것처럼 나는 감독직을 맡고 나서 조직
내의 모든 사람과 모든 팀원을 만났다. 농구에서는 선수라고 해
봐야 12명에서 20명 정도다. 하지만 미식축구는 팀 규모가 크
기 때문에 소통이 더욱 쉽지 않다. 하지만 라커룸에서 이기고,
경기장에서 이기고 싶다면 소통은 반드시 필요하다.

내가 감독이 되고 처음 45일간 토머스 단장을 위시한 우리
스태프는 로스터 조율 작업을 했다. 그 기간 동안 나는 로스터
에 있는 선수들을 최대한 많이 만나봐야 했다. 이 팀은 12달 사
이에 감독이 벌써 3번이나 바뀐 상태였고, 내 전임자는 시즌이
끝나기도 전에 사임했다. 선수들은 버림받은 기분이었다. 단순

히 '신뢰가 결여되어 있다'는 말로는 당시의 상황을 표현하기에 턱없이 부족하다. 선수들과의 미팅은 무려 3주에 걸쳐 진행되었다. 시간이 많이 걸리고 있었지만, 경기장 안팎에서 팀에 영향을 주는 요인이 무엇이고, 이 팀이 과연 어떤 문화를 갖고 있는지 알려면 그게 최선의 방법이었다. 나는 또 팰컨스의 성적이 꾸준하지 못한 이유에 대해서도 선수들의 피드백을 받아보고 싶었다. 그래서 선수들에게 다음과 같은 질문을 똑같이 했다.

- 우리 로스터에 있는 선수들 정도면 플레이오프에 진출할 수 있는가?
- 최고의 모습이 되겠다는 불타는 욕심이 팀 안에 존재하는가?
- 만약 아니라면, 왜 그렇게 생각하는가?
- 팀원들은 서로 함께 있는 것을 좋아하는가?
- 여기 있는 사람들은 어쩌다보니 똑같은 헬멧과 똑같은 옷을 입은 개인들의 모임인가, 아니면 하나의 팀인가?
- 팀원들은 재미를 느끼고 있는가?
- 원하는 결과를 얻지 못했을 때 선수들은 어떻게 대처했는가?
- 팀원들은 책임을 지는가, 아니면 다른 사람을 탓하는가?

사람들을 불편하게 만들 수도 있고, 또 보통은 정답처럼 뻔한 대답이나 듣게 될 질문들이었지만, 나는 더 나아지기를 바라는 선수들이 적극적이고 정직하게 대화에 참여해주기를 바랐다. 그리고 다행스럽게도 그런 선수들이 있었다. 가장 좋았던 것은 일명 '머드 덕'Mud Duck으로 통하는 토드 맥클루어Todd McClure와 나눈 대화였다. 토드 맥클루어는 1999년 드래프트에서 7라운드 지명된 선수로 2000년부터 주전 센터로 뛰었다. 머드 덕은 단도직입적인 베테랑 선수였다. 그는 첫 미팅부터 팰컨스가 왜 지난 몇 년간 고전했다고 생각하는지 자신의 생각을 속 시원히 꺼내놓았다. 머드 덕을 포함한 몇몇 베테랑 선수들이 큰 도움을 준 덕분에 토머스와 나는 오랫동안 팰컨스에 부정적인 영향을 미치고 있던 몇 가지 문제에 접근할 수 있었다. 팀원들과 나눈 이런 대화와 소통은 우리가 팰컨스를 재건하기 위해 했던 수많은 일들 중에서도 가장 중요했다. 이를 통해 우리는 더 튼튼한 관계를 맺고 훨씬 더 강한 팀으로 거듭나기 위한 물꼬를 틀 수 있었다.

조직 내 모든 구성원과 꾸준히 1대1 소통을 하는 게 쉬운 일이 아니라는 것은 나도 잘 안다. 항상 모두와 만날 수는 없다. 특히나 조직이 크다면 말이다. 핵심 열쇠는 부문별 리더 및 여러분이 직접 이끄는 사람들과 만나는 것이다. 그런 다음 그들이 다시 자신이 이끄는 사람들과 잘 소통하게 하면 된다. 조직 구석구석까지 모든 사람이 이렇게 한다면 사람들 사이의 관계도, 팀워크나 성과도 극적으로 개선될 것이다. 또 누구든 할 말이 있으면 언제든 찾아와도 된다는 것을 모두에게 알리고, 소통을 장려하는 개방적인 정책을 펴는 것도 중요하다. 그렇게 하면 팀원들은 언제나 팀장이 자신들을 위해 존재한다는 것을 알 수 있다. 시간과 노력을 들여 팀원들과 소통하면 그 효과는 10배로 돌아온다. 뭐니 뭐니 해도, 팀원들을 정말로 알아가고 그들에게 여러분을 알릴 수 있는 방법은 1대1 소통밖에 없다.

라커룸 리더십

소통은 잘 듣는 것이다

마이크 스미스

말을 하는 것이 소통이라고 생각하는 사람이 많다. 하지만 나는 듣는 것이 소통이라고 생각한다. 소통을 잘하는 사람은 말을 청산유수로 잘 하는 사람이 아니라, 남의 얘기를 듣고 그 정보를 처리해 팀과 조직에 가장 이로운 방향으로 의사를 결정하는 데 활용할 수 있는 사람이다. 잘 듣는 사람은 말하는 사람이 무슨 말을 하고 있고 어떤 뜻을 전하고 싶은 것인지를 진심으로 듣는다.

잘 들어서 큰 도움이 되었던 예의 하나로, 우리 팀의 '30세 이상 클럽' 선수들과의 미팅을 들 수 있다. 여기에 속한 선수들은 NFL에서도 가장 경험 많은, 팀 내의 리더이자 멘토들이었다. 우리는 1년에 4회에서 6회 정도 미팅을 했는데, 만나면 우리 팀이 지금 어떻게 돌아가고 있는지, 눈앞에 닥친 난관은 어떤 것인지 이야기를 나누며 서로에 대해 더 잘 알아갈 수 있었다. 또 선수들의 관점에서 나오는 새로운 아이디어도 들을 수 있었다. 2010년 가졌던 어느 미팅에서는 시즌 중 하루 훈련 스케줄에 대한 얘기가 나왔다. 선수들은 평일의 하루 일과를 좀 더 늦게 시작하는 대신, 오전 훈련과 오후 훈련 사이의 시간 간격을 좁혔으면 했다. 거기에는 아주 타당한 이유들이 있었다. 나는 선수들이 하는 얘기를 귀 기울여 들었다. 그들이 생각하는 훈련 순서에 장점이 있었기 때문에 우리는 이 내용을 코치진과 의논했다. 그리고 선수들의 제안대로 일일 훈련 스케줄을 조정했는데, 그렇게 했더니 경기장 안팎에서 시간을 훨씬 더 효율적으로 쓸 수 있었다. 우리는 시즌 최고의 경기를 치르기 시작했고, 충분히 잘 쉬고 좋은 컨디션으로 그 해 플레이오프에 진출할 수 있었다. 팀원들의 얘기에 귀를 기울이면 소통의 채널이 열리고 모두가 전력투구하는 팀을 만들 수 있다. 팀원들은 자신의 얘기가 리더의 의사결정에 반영된다고 느끼면 리더가 추진하는 일에 더욱 적극적으로 참여한다. 자신도 성공을 만들고 유지하는 과정의 일부가 되었다는 사실을 알기 때문이다.

잘 듣고 잘 소통하는 핵심 열쇠 중 하나는 제대로 된 사람에게 제대로 된 질문을 하는 것이다. 예컨대 나는 매주 우리 팀 쿼터백 맷 라이언을 찾아가 공격 전략이 만족스러운지 확인했다. 우리 쿼터백이 공격 전략을 훌륭하다고 느끼고 작전 지시서에 적힌 모든 플레이가 계획대로 착착 진행될 거라고 확신하기를 바랐기 때문이다. 만약 그렇지 못하다면 나는 맷의 의견이나 제안을 들어보고 다시 그것을 우리 공격 작전팀 및 코치들과 논의했다. 맷을 비롯한 팀 내 핵심 선수들의 피드백을 받아보는 것은 중요한 일이었다. 다양한 관점에서 작전을 살필 수 있고 선수들의 강점을 활용할 수 있는 최선의 전략을 생각해낼 수 있기 때문이다. 또 이런 과정을 통해서 맷에게 내가 그의 편이라는 것과 그의 플레이가 성공하기 위해서라면 뭐든 해줄 거라는 것을 알릴 수 있었다. 미식축구에서 가장 중요한 관계 중 하나는 감독과 쿼터백 사이의 관계다. 맷과 나는 훌륭한 관계를 구축했고 그 관계는 지금까지도 이어지고 있다. 우리가 그렇게 될 수 있었던 것은 내가 열심히 떠들었기 때문이 아니다. 내가 질문을 하고 귀 기울여 들었기 때문이다. 물론 나는 코치진에게도 반드시 질문을 하고 귀를 기울였다. 코치진은 내가 코치진과 선수들 양쪽으로 소통하는 것을 알고 있었다. 그렇게 함으로써 나는 훨씬 더 많은 것을 배울 수 있었고, 더 많은 것을 묻고, 더 많은 유용한 답을 얻을 수 있었다. 감독이라면 코치진을 신뢰해야지, 꼬치꼬치 간섭해서는 안 된다. 그러나 감독은 코치진에게도, 팀원들에게도 반드시 질문을 해야 한다. 그래야만 궁극적으로 최선의 결정을 내릴 수 있다. 에이브러햄 링컨이 자문들에게 질문을 하고 서로 다른 아이디어를 받아보고 여러 전략을 경쟁시킨 후에야 최종 결정을 내렸듯이, 감독이나 리더들도 모두 그렇게 해야 한다.

오늘은 몇 도인가?

마이크 스미스

정말로 유능한 리더가 되고 싶다면 건물의 온도를 재야 한다. 기온을 말하는 것이 아니다. 팀원들의 사기와 건물 내에 감도는 에너지를 재라는 얘기다. 리더들은 일이 잘 안 풀릴 때에 가서야 조직 내의 온도를 걱정하는 경우가 많다. 이것은 큰 오판일 수 있다. 일이 잘 풀리고 있을 때에도 분위기를 파악하는 일은 매우 중요하다.

스포츠 팀의 경우 팀의 사기는 직전 경기의 결과, 오늘이 무슨 요일인지, 훈련 일정이 어떻게 되는지, 어떤 뉴스가 나왔는지에 따라 매일매일 다를 수 있다. 오프시즌에는 로스터 조정에 따라 분위기가 달라지고, 플레이오프 때는 압박감이 쌓여감에 따라 사기가 오르락내리락 한다. 스포츠든, 비즈니스든 조직 내의 역학관계는 끊임없이 변화하므로 리더는 매일매일 그날의 온도를 감지하며 여기저기서 발생하는 여러 상황에 대처할

라커룸 리더십

준비가 되어 있어야 한다. 언제나 건물 내의 분위기를 정확하게 파악하고 있어야만 팀이나 조직을 위한 최선의 결정을 내릴 수 있다.

그러기 위해서는 건물의 온도를 읽는 데 활용할 수 있는 자원이라는 자원은 모두 활용해야 한다. 몇몇 리더나 의사결정자에게만 정보를 의존해서는 안 된다. 선수들은 감독이나 코치가 앞에 있을 때와 그렇지 않을 때 행동이 다를 것이다. 온도를 측정하는 최선의 방법은 건물 여기저기에 서로 다른 '온도계'를 보유하는 것이다. 트레이너들, 장비 담당자들, 홍보팀, 선수 개발팀 등은 모두 소중한 온도계다. 나는 말 그대로 돌아다니면서 그들에게 "오늘은 온도가 어때요?"라고 물었고, 그러면 그들은 더없이 귀중한 정보들을 알려주었다. 이렇게 온도를 묻는 대화를 통해 나는 긍정적인 것이든, 부정적인 것이든, 여러 곳에서 벌어지는 상황을 파악할 수 있었다. 장비팀에서는 선수 중 한 명이 아주 화가 나 있다는 얘기를 들었고, 트레이너를 통해서는 선수 한 명이 개인적으로 곤란한 일을 겪고 있다는 소식을 접했다. 선수들 사이의 갈등에 대해서도 알게 됐고, 패배 후에 몇몇 선수가 아주 의기소침해 있다는 얘기도 들었다. 온도를 물어보면서 나는 팀원들에 대해 더 많이 알게 되었을 뿐만 아니라, 조직 내의 다양한 사람들과 관계를 맺으면서 그들도 우리 팀을 최고로 만드는 과정의 일부라는 사실을 강조할 수 있었다. 이것은 조직을 최고 수준으로 운영하는 데 도움이 됐고, 자칫 팀 문화나 팀 성적에 부정적인 영향을 미칠 수 있는 요소들을 사전에 찾아내고 처리하게 해주었다.

리더가 다른 리더들하고만 얘기를 나눠서는 안 된다. 어차피 그들은 나와 관점이 비슷하기 때문이다. 리더는 조직에 닥칠 수 있는 여러 잠재적 난관에 가장 가까이 있는 사람들과 어울려야 한다. 질문을 해야 하고, 들어야 하고, 배워야 하며, 그렇게 읽어낸 것들을 가지고 어떻게 조직의 발전에 활용할지 결정해야 한다.

라커룸 리더십

리더는 돌아다닌다

마이크 스미스

건물 내의 온도를 재려면 돌아다니면서 리드하는 것이 중요하다. 사무실에 가만히 앉아 있는데 훌륭한 결정이 나오지는 않는다. 유능한 리더는 건물 안에서 동에 번쩍 서에 번쩍 모습을 드러낸다. 사무실뿐만 아니라 물리치료실, 라커룸, 카페테리아까지 말이다. 리더라면 건물 곳곳에 발자국을 남겨야 한다. 건물 전체에 흩어져 있는 팀원들, 직원들과 소통한다면 아래위층이나 사무실과 라커룸의 구분은 허물어진다.

나는 매일 물리치료실을 두어 번씩 방문해 치료 중인 선수들을 만났다. 시즌 중에 선수가 물리치료실에 있다면 넷 중 하나다. 첫째는 시즌을 접어야 할 만큼 큰 부상을 당한 선수들이다. 둘째는 한두 게임은 분명히 출장하지 못할 선수들이다. 셋째는 부상은 당했지만 다음 경기에는 나갈 수도 있는 선수들이다. 넷째는 그저 관리 차원에서 치료를 받고 있는 것으로, 경기를 할 수 있는 선수들이다. 나는 언제나 선수들의 개별 상태나 훈련 상태와는 무관하게 내가 그들에게 관심을 갖고 있다는 사실을 알리려고 노력했다. 물리치료실에서 만난 선수들과 정말 좋은 대화를 나누었던 적도 여러 번 있다.

체력단련실을 방문하는 것도 똑같이 중요한 일이었다. 감독이 체력단련실을 방문하면 선수들은 그들이 체력단련팀과 진행하고 있는 그 운동이 팀의 성공에 아주 큰 부분을 차지한다는 사실을 알게 된다. 실제로 일 년 중 시기에 따라서 부코치나 인사팀 직원들이 체력단련실을 함께 사용할 때도 있었는데, 조직의 문화와 소통을 강화하는 또 하나의 좋은 방법이었다.

카페테리아는 선수들과 좀 다른 분위기에서 대화를 나눌 수 있는 좋은 기회다. 누군가와 함께 앉아 식사를 할 때는 좀 더 편안한 분위기에서 대화가 진행될 수 있다. 나는 밥을 먹으며 얘기를 나누는 것만으로도 선수들과 훌륭한 관계를 발전시키고 많은 것을 배울 수 있었다.

그리고 물론 나는 라커룸에서 많은 시간을 보냈다. 가끔은 그냥 라커룸에 들어가서 누가 누구와 얘기를 나누는지, 선수들의 사기는 어떤지, 전체적인 팀 분위기는 어떤지 살펴보기도 했다. 나는 이렇게 한 건물 내에서도 다르게 펼쳐지는 여러 모습이 아주 중요하다고 느꼈다. 이곳저곳 방문해본다면 여러분도 놀라운 것들을 발견하게 될 것이다. 팀의 사기도 몸으로 느끼고, 누가 붙임성이 좋은지, 어떤 잠재적 문제 요소가 있는지 알

게 될 것이다. 일단 문제가 무엇인지 파악되면 그게 더 큰 문제
로 비화하여 팀의 분위기를 망쳐놓기 전에 대응할 수가 있다.
라커룸에서 먼저 이기기 위해 중요한 부분 중 하나는, 현장에서
무슨 일이 벌어지고 있는지 확실히 알고, 되돌릴 수 없도록 틀
어지기 전에 팀 문화와 팀의 모습을 원하는 방향으로 이끄는 것
이다.

메시지를 전하라

마이크 스미스

　1대1 소통을 넘어서 모든 코치가 해야 할 큰 임무 중에 하나는 핵심적인 메시지와 테마, 원칙을 팀원들과 공유하는 것이다. 우리는 매년 오프시즌에 팀원들에게 그 해의 테마를 제시했다. 또 수요일 정기 팀 미팅 때는 다음 경기에 적용할 주간 테마 및 메시지를 제시했다. 연간 혹은 주간 메시지를 제시하는 방법에는 여러 가지가 있지만, 중요한 것은 처음 그 메시지를 제시할 때 의미를 확실히 전하는 것이다. 그렇게 제시한 후에는 해당 테마나 메시지를 선수들이 거의 짜증이 날 정도까지 계속해서 강화해야 한다. 선수들의 뇌리에 박힐 만큼 자주 이야기하고, 시즌 내내 모든 선수와 코치, 조직의 모든 사람들이 그 테마나 메시지를 가장 먼저 생각하게끔 만들어야 한다.

　부문별 리더들(내 경우에는 부코치들) 역시 팀원들에게 같은 메시지를 공유하고 강화하도록 하는 것도 중요하다. 혼자서는 메시지를 전할 수도 없을 뿐더러 리더마다 서로 다른 메시지를 전해서도 안 된다. 조직 내의 모든 리더는 같은 신념을 이야기하고 같은 메시지를 공유해야 한다. 특히나 라커룸 내의 멘토나 리더들은 말이다. 메시지는 말과 행동에서 일관성 있게 전달되어야 한다. 코치나 리더들은 메시지를 말로만 표현할 것이 아니라 스스로 모범을 보여야 한다. 코치나 리더가 해당 메시지를 실천할 수 없다면 팀원들도 실천할 수 없을 것이다. 그러나 말로, 행동으로 일관된 메시지를 전달한다면 신뢰가 쌓이고 팀 문화도, 팀도 튼튼해질 것이다. 일관된 메시지 전달은 팀의 성공에 필수적이다.

메시지가 제대로 전달되고 있는지 리더가 어떻게 아느냐고 물어보면 나는 간단하다고 답한다. 라커룸에서, 운동장에서, 카페테리아에서, 물리치료실에서, 미디어에서 그 메시지가 이야기되는 것이 들린다면 해당 메시지는 팀에 받아들여진 것이다. 나는 TV 인터뷰에서 어느 선수가 내가 끊임없이 강조했던 메시지를 똑같이 얘기하는 것을 들으면 그렇게 기분이 좋을 수가 없었다. 미디어에서 선수들이 해당 메시지를 계속해서 이야기하는 것을 듣게 된다면 선수들이 해당 메시지를 받아들였고 최선을 다해 실천하려고 하고 있다고 봐도 된다.

우리는 그 해의 테마를 전하기 위해 선수 및 코치들에게 배지를 나눠주기도 했다. 내가 잭슨빌 재규어스에서 수비 코치로 있을 때 수비 선수들에게 적용한 방법이었다. 이 방법을 생각해낸 사람은 댈러스 카우보이즈^{Dallas Cowboys}의 전 감독이자 NFL에서 오랜 세월 코치를 지낸 데이브 캠포^{Dave Campo}였다. 재규어스는 2005년부터 이 방법을 썼는데, 한 번은 테마가 '맡은 역할의 기본에 통달하고 한 몸처럼 수비한다'였다. 통계상으로 보면 그해가 데이브와 내가 재규어스에 있는 동안 가장 좋은 성적을 낸 시즌이었다. 그렇게 잘 할 수 있었던 것은 우리가 한 몸처럼 경기를 했고, 각 선수들은 NFL에서 가장 기초가 탄탄한 팀이 되는 데 집중했기 때문이었다. 애틀랜타 팰컨스로 와서 내 첫 시즌이었던 2008년의 테마는 '과정을 기꺼이 받아들인다'였다. 우리는 이 메시지를 선수들, 팬들, 미디어에 계속해서 반복했다. 플라워리 브랜치에 위치한 우리 팀 건물 내의 모든 사람이 이 말을 쓰자, 미디어에서는 이 말을 유행어에 비유하기 시작했다. 반가운 일이었다. 인터뷰 때마다 우리가 계속해서 같은 말을 반복하니까 미디어들이 지겨워한다는 것을 알 수 있었다. 미디어는 더 많은 얘기를 듣고 싶어 했지만 그 말밖에는 듣지 못했다. 미디어는 싫어했고, 나는 좋았다. 메시지가 제대로 전달되고 있다는 의미였다. 미션 완료!

외부 목소리의 중요성

존 고든

팀원들에게 메시지를 전하는 때에는 마이크가 이야기한 것 외에도, 외부 목소리가 메시지와 테마를 강조하도록 하는 것도 좋은 방법이다. 언젠가 어느 CEO가 내게 이런 말을 했다. "존, 외부 목소리의 힘을 절대 과소평가하지 말아요." 내가 그 회사 연례행사에서 강연을 끝낸 직후였다. 그는 이렇게 말했다. "당신을 데려온 건 우리 메시지를 강조하기 위해서예요. 우리 직원들은 우리가 하는 말에는 질렸으니까요. 하지만 외부 사람이 이야기하면 다르죠. 새롭고 신선하고 흥미진진하게 들리거든요." 나는 그가 무슨 얘기를 하는지 정확히 알고 있었다. 우리 집 아이들은 내가 하는 말에는 별 흥미를 못 느낀다. 다른 많은 부모들의 얘기를 들어봐도 마찬가지다. 그래서 나는 아이들 방의 칠판에 격려가 될 만한 글귀를 쓰는 것 외에도 내가 아이들과 공유하고 싶은 메시지나 원칙을 외부의 목소리가 강조하게 한다.

코치나 선생님, 멘토, 전문가 등은 우리 아이들을 격려하고 지도하고 가르치고 자극하여 아이들에게서 최고의 모습을 이끌어낸다. 외부 목소리에는 특별한 힘이 있다. 그러니 몇몇 외부 목소리의 힘을 빌려 팀원들에게 중요한 원칙과 메시지를 공유하고 강조할 수 있다면 좋을 것이다. 중요한 원칙과 메시지를 다양한 사람들로부터 다양한 방법과 스타일로 더 많이 듣게 된다면 그 울림은 더욱 커질 것이다. 영상, 책, 음악, 강연 등은 모두 팀원들에게 메시지를 공유할 때 쓸 수 있는 훌륭한 수단들이다.

훌륭한 소통의 적들

존 고든

만약 여러분이 나를 비롯한 다른 많은 리더들과 같다면, 이번 장을 읽고 나면 팀원들과 소통을 더 잘 해야겠다는 생각이 들 것이다. 다만 소통이 부족하다는 느낌은 들지만 왜 그런지 정확한 이유는 모를 수도 있다. 그러니 소통을 방해하는 적들에 대해서도 이야기하지 않을 수 없다. 아무리 팀원들과 잘 소통하고 싶고, 소통 계획을 세우고 싶어도, 바쁘고 스트레스에 시달리면 원활한 소통은 힘들다. 사람들이 바쁘고 스트레스를 받으면 소위 '파충류 뇌'라는 것이 활성화된다. 파충류는 생존밖에 관심이 없다. 바쁘고 스트레스를 받은 당신도 마찬가지다. 파충류 뇌가 활성화되면 다른 사람과 소통하고 인간관계를 구축할 생각은 들지 않고, 오직 나 자신의 생존에만 초점을 맞추게 된다. 팀의 번창을 생각하기보다는 그저 하루하루를 버티고 살아남기 위해 기를 쓰게 된다. 핵심은 이런 적들이 존재한다는 것을 인지하고, 숨을 한 번 깊이 들이마시고, 여유를 갖고, 소통을 최우선순위로 삼는 것이다. 다른 일들도 급할 수 있지만, 중요한 것은 소통이라고 스스로에게 되뇌어야 한다. 연구에 따르면 사람은 스트레스를 받고 있을 때는 감사하는 마음이 들지 않는다고 한다. 그러니 호흡을 가다듬고, 감사를 실천하고, 바쁜 와중에도 의식적으로 차분한 시간을 만들어, 소통을 하고 인간관계를 구축하라. 그게 여러분 자신에게도, 팀에게도 좋은 일이 될 것이다.

라커룸 리더십

소통이 협력을 만든다

마이크 스미스

NFL에서 내가 처음 함께 일했던 감독은 브라이언 빌릭^{Brian} ^{Billick}이었다. 그 이전에도, 이후에도 나는 그렇게 소통을 잘하는 사람을 본 적이 없다. 빌릭 감독은 남의 얘기를 잘 들어주고, 대화를 장려했으며, 스태프와 선수들 사이에서 토론을 벌이기까지 했다. 이렇게 적극적인 대화 덕분에 매주 훌륭한 작전이 나올 수 있었을 뿐만 아니라 스태프도, 선수들도 참여하는 기분을 느꼈다. 참여하게 되면 스태프와 선수들은 그 과정에 대해 주인의식을 느낀다. 주중에 적극적으로 참여했던 사람들은, 다시 말해 작전을 세우고 실행하는 데 관여했던 모든 사람은 경기에 패한 후에도 뒤늦은 비판 따위는 하지 않는다. 내가 작전팀이나 코치진 외에 맷, 로디, 홀리오, 스푼, 브룩, 오시, 크로이 같은 핵심 선수들과 매주 소통한 것도 바로 그런 이유였다.

2000년 슈퍼볼에서 우승한 이후 볼티모어 레이븐스의 코치진 중에서는 나 말고도 세 사람이나 NFL 감독으로 진출하여 성공했다. 신시내티 벵골스^{Cincinnati Bengals}의 마빈 루이스^{Marvin Lewis} 감독, 잭슨빌 재규어스를 거쳐 오클랜드 레이더스의 감독이 된 잭 델 리오, 뉴욕 제츠를 거쳐 버팔로 빌스^{Buffalo Bills}의 감독으로 있는 렉스 라이언^{Rex Ryan}이 그들이다. 볼티모어 레이븐스에서 마빈 루이스는 수비쪽 책임 코치였다. 레이븐스의 스태프는 아주 훌륭했고 선수들 역시 NFL 사상 최고의 수비진이라고 할 만했다. 마빈은 수비 작전을 총 지휘했다. 나는 경기가 있는 날 마빈보다 훌륭한 코치를 본 적이 없다. 그는 흠잡을 데 없는 작전 지시를 내렸고, 선수들이 최상의 경기를 펼칠 수 있는 환경을 만들었다. 마빈은 작전을 짤 때 수비 코치진 전원을 포함시키는 자기만의 방식을 갖고 있었다. 빌릭 감독은 소통을 장려할 수 있는 구조를 만들어 놓았고, 마빈은 수비 코치진 및 선수들과 함께 그 구조를 적극 활용했다.

수비 코치진은 각자 맡은 포지션의 선수들을 지도하는 외에도 회의 때 나머지 스태프 및 선수들에게 프리젠테이션을 해야 하는 특별한 책임을 지고 있었다. 부코치도 자신이 발표하는 부분에 대해서는 완벽하게 주인이라는 생각으로 책임을 졌다. 단거리 전략이나 골라인을 책임지는 코치라면 그 부분에서 좋은 플레이가 나오지 않았을 경우 자기 책임이라고 생각했다. 이런 협업 방식은 우리가 더 잘 협동할 수 있게 해주었을 뿐만 아니라 향후 책임 코치가 되고 감독이 될 수 있게 우리를 준비시켜주었다.

이 구조는 선수들도 참여하게끔 만들어져 있었다. 선수들의 시각은 중요한데, 왜냐하면 수비 책임 코치가 지시하는 특정 작전을 경기장에서 나가서 실제로 실행할 사람은 선수들이기 때문이다. 선수들은 수비 작전에 대해 확신을 가져야 하고, 그러기 위해 가장 좋은 방법은 선수들도 작전에 의견을 내게 하는 것이다.

레이븐스와 재규어스, 펠컨스를 거치면서 나는 팀의 성공을 도와주는 것은 단순히 소통이 아니라 소통에 따라오는 협업이라는 사실을 점점 더 확신하게 되었다. 협업이 없는 소통은 기대한 만큼의 성과를 내지 못할 수도 있다. 그러나 훌륭해지기 위해서 팀원들이 서로 긴밀하게 협업하는 팀은 아주 특별한 것을 만들어낼 수 있다. 협업이 잘 되는 팀이나 조직은 끊임없이 변화하는 내적, 외적 요소에도 훨씬 더 잘 대처할 준비가 되어 있다. 그러니 단순히 소통에서 그칠 것이 아니라 최고가 되기 위해 서로 협업하는 팀을 만들어라.

CONNECT

5장

끈끈한 유대감을 키워라

개개인의 재능이 뛰어나지 않아도
팀워크는 재능을 이긴다.

소통과 협업이
끈끈한 유대 관계를 만든다

존 고든

소통과 협업의 큰 장점은 여러분과 팀원들 사이에 끈끈한 유대관계가 생긴다는 점이다. 소통을 하면 신뢰가 구축되기 시작하고, 협업은 그 과정을 강화함과 동시에 사람들 사이의 관계를 한 차원 더 높은 곳으로 끌어올려준다. 그렇게 되면 팀원들 간의 유대 관계는 더욱 튼튼해진다. 이 과정이 중요한 이유는 팀원들 사이의 유대 관계가 튼튼할수록 더 헌신적이고 강력한 팀이 되기 때문이다. 팀원들 사이가 끈끈한 팀은 헌신적인 팀이 된다.

여러 팀들을 경험하면서 나는 이런 끈끈함이 훌륭한 팀을 만드는 핵심 열쇠라는 것을 알게 되었다. 팀원들 사이에 끈끈함이 없으면 팀워크는 중간 이하이고 경기력이나 성적 역시 평균에 못 미친다. 잘 나가는 팀과 와해되는 팀의 차이는 끈끈함이다. 코치들이 내게 얘기하는 가장 큰 불평 중 하나도 팀원들 사이가 끈끈하지 않다는 것이다. 젊은 선수들을 잔뜩 모아놔 봐도 다들 '나' 자신, '내' 목표, '내' 소셜미디어 팔로워 수, '내' 자존심 밖에 관심이 없다는 것이다. 가족이나 친지들은 이들에게 더 많이 뛰고, 더 많이 득점하고, 더 인정받아야 한다고 말한다. 이런 환경에서 선수들이 받는 메시지라고는 팀이 아니라 개인이 중요하다는 것뿐이다. '내'가 중요하지 '우리'는 중요하지 않다. 이렇게 되면 개인의 목표와 팀 목표 사이에 단절이 생기고, 팀의 기반은 약화된다. 코치와 선수들이 하나의 끈끈한 팀이 되는 데 초점을 맞추면 '나'는 '우리' 속으로 사라진다. 개인주의의 철옹성은 무너지고, 서로를 묶는 끈은 단단해지며, 관계가 발전하고, 팀은 훨씬 더 끈끈하고 헌신적으로 변하며 강해진다.

라커룸 리더십

재능보다 팀워크다

존 고든

2013-14 대학농구 시즌이 시작되기 전에 나는 전화 한 통을 받았다. 전 플로리다대학교 농구팀 감독이자 지금은 NBA 농구팀 오클라호마시티 선더Oklahoma City Thunder의 감독으로 있는 빌리 도너번Billy Donovan에게서 온 전화였다. 빌리는 자신의 팀이 겪고 있는 어려움을 토로하며 내게 조언을 구했다. 내가 7가지 법칙을 설명해주자 빌리는 망설임 없이 유대 관계에 주목했다. "바로 그겁니다, 존. 우리 팀은 8강까지는 잘 가는데 4강까지 밀어붙이지를 못해요. 팀이 그만큼 끈끈하지 못한 거죠. 더 끈끈한 팀이 되면 더 긴박하고 큰 경기에서도 이길 확률이 커질 겁니다." 그 해 시즌 내내 빌리와 나는 연락을 주고받았다. 빌리는 선수들과 유대감을 쌓고 선수 사이의 관계를 키워주려고 나조차도 깜짝 놀랄 만큼 많은 노력을 했다. 그 시즌 빌리만큼 많은 것을 팀에 투자한 감독은 없을 것이다. 선수들 사이의 벽이 하

나씩 허물어지더니 플로리다대학 농구팀은 더 이상 단순한 개인들의 집합이 아니라 *끈끈한* 하나의 가족이 됐다. 그들은 8강을 넘어 4강까지 진출했고, 그 시즌에 아주 쟁쟁한 팀이던 켄터키대학교를 세 번이나 이겼다. 플로리다 팀의 선수들 중 단 한 명도 NBA 드래프트에 지명되지 못했다는 점을 생각하면, 플로리다 팀은 *끈끈한* 유대관계 하나로 더 재능 있는 선수들을 보유한 여러 팀을 이긴 셈이었다. 팀원 개개인의 재능이 뛰어나지 않아도 팀워크로 재능을 이겨내는 것을 보여준 훌륭한 사례였다. 가장 재능 있는 선수들이 우리 팀에 없을 수도 있다. 하지만 끈끈한 하나의 팀이 된다면, 재능은 있어도 긴밀한 유대관계가 없는 수많은 팀을 이길 수 있다.

같은 시즌에 나는 네브래스카대학교 농구팀에서도 같은 현상을 보았다. 내가 네브래스카대학교의 전체 운동선수 및 코치들 앞에서 강연을 한 것은 이미 농구 시즌이 시작된 후인 1월이었다. 그곳 농구팀은 당시 평균 정도의 시즌 성적을 거두고 있었다. 끈끈한 하나의 팀이 되는 것의 중요성에 대해 강연을 마치고, 나는 농구팀 감독인 팀 마일스^{Tim Miles}와 점심을 먹게 됐다. 우리는 유대감을 쌓을 수 있는 여러 방안에 관해 얘기를 나눴고 이후 마일스 감독은 팀원들의 유대관계를 개선하고 긍정적 태도를 키우는 데 집중했다. 이후 네브래스카대학 농구팀은 승승장구했고, 몇 년 만에 NCAA 토너먼트까지 진출했다. 감독과 선수들이 서로 *끈끈하게* 연결된다면 팀원들 간의 헌신과 팀워크, 상호 상승작용은 놀라울 만큼 커질 것이고 경기력도 극적으로 향상될 것이다.

이쪽은 우리가 맡을게

마이크 스미스

나는 코치 생활을 하면서 끈끈하게 뭉쳐진 팀이 지닌 힘을 여러 번 목격했다. 2000년 슈퍼볼 우승을 달성했던 레이븐스는 내가 있었던 팀 중에서도 가장 끈끈한 팀이었다. 그들은 아주 힘든 시기를 여러 번 함께 이겨냈다. 수비 전력은 사상 최고라고 할 만했고 실제로 NFL 시즌 최저 실점 기록을 세웠다. 우리는 전체 정규 시즌 동안 165점밖에 내주지 않았다. 네 번의 플레이오프 경기 중에서 상대에게 터치다운을 허용한 것은 한 번뿐이었다. 반면에 우리는 다섯 경기 연속 터치다운을 한 번도 못 한 적도 있다. (그래도 우리는 그 다섯 경기 중 두 번을 이겼다.)

팀이 한쪽에서는 잘하는데 다른 쪽에서는 그렇지 못하면, 보통 팀원들 사기에 문제가 생긴다. 네 탓, 내 탓을 하기 시작하면서 라커룸은 둘로 갈라지고 팀원들 사이는 단절되게 마련이다. 하지만 2000년의 레이븐스는 결코 그렇지 않았다. 브라이언 빌

라커룸 리더십

릭 감독은 로드 우드슨, 레이 루이스, 토니 시라구사^{Tony Siragusa}, 롭 버넷^{Rob Burnett} 같은 베테랑 선수들의 도움을 받아, 터치다운 한 번 없는 5주간의 가뭄기를 훌륭하게 헤치고 나아갔다. 빌릭 감독은 팀의 리더들과 소통하면서 경기 중에 생기는 수많은 문제들을 해결해냈다. 빌릭 감독은 이런 과정을 투명하게 처리했고, 가끔은 유머까지 곁들여서 분위기가 지나치게 경직되지 않게 했다. 그 누구도 서로 탓해서는 안 된다는 것을 모두가 분명히 알고 있었다. 수비 선수들은 워낙 자신감이 넘쳤기 때문에 공격 선수들이 필드골만 몇 번 기록해줘도 문제없이 경기에서 이길 수 있다는 것을 알고 있었다. 수비 선수들은 자신들이 통제할 수 있는 일에만 초점을 맞췄고, 공격 선수들이 슬럼프를 빠져나올 수 있게 열심히 응원했다. 그 다섯 경기를 지나는 동안 팀은 와해된 것이 아니라 더욱 튼튼해졌다. 우리가 스스로 자멸하지만 않는다면 적들이 우리에게 무슨 짓을 해도 이겨낼 수 있다는 것을 우리는 알고 있었다. 팀이 서로 뭉치면 불운도 행운으로 바꿀 수 있다. 우리가 해낸 일이 바로 그것이었다.

내가 애틀랜타 펠컨스에 있는 동안 가장 끈끈했던 선수들은 2012년 팀이었다. 2012년 팀은 마지막 쿼터나 마지막 공격에서 승리한 것만 일곱 번이었고 모두 전혀 다른 상황에서 거둔 승리였다. 첫 번째 역전승이 나온 것은 캐롤라이나 팬서스와 붙었던 4주차 경기였다. 제한시간을 59초 남겨놓은 상황에서 수비 선수들이 중요한 세 번째 공격을 막아냈다. 선수들은 팬서스 선수들이 오프사이드를 유도하더라도 거기에 넘어가면 안 된다는 것을 훈련을 통해 잘 알고 있었다. 뒤이어 공격 선수들은 1야드 라인에서 타임아웃도 없이 캐롤라이나의 22야드 라인까지 공을 가져다 놓았다. 맷 라이언에서 로디 화이트로 이어진 멋진 패스를 통해 우리는 우리 쪽 골포스트 주변을 벗어났고, 맷 브라이언트^{Matt Bryant}와 스페셜팀[14] 유닛이 경기 종료 6초를 남겨 놓고 킥으로 경기의 승부를 갈랐다.

2012년 우리 팀은 이런 식으로 경기를 끝내는 데 익숙해져 있었다. 그토록 열심히 노력한 성과를 거두려면 우리는 끈끈한 팀으로 남아 있을 수밖에 없었다. 그 해 일곱 번째 역전승을 통해 우리는 NFC 챔피언십에 진출했다. 31초를 남겨놓고 1점 차로 뒤진 상태에서 킥오프를 받아낸 우리 팀은 스페셜팀 유닛이 투입되어 재퀴즈 로저스^{Jacquizz Rodgers}가 35야드짜리 리턴을 만들어냈다. 그리고 토니 곤잘레스와 해리 더글러스^{Harry Douglas}가 각각 19야드와 22야드짜리 패스를 받아냄으로써 필드골이 가능한 지점까지 갔고, 경기 종료 6초를 남겨두고 필드골 킥을 성공시켜 승패를 결정지었다. 팀 전원과 코칭스태프가 다 함께 이뤄낸 승리였다.

시즌 내내 이런 도전이 계속되면 팀으로서의 위기극복능력이 시험대에 오른다. 또 팀의 유대관계가 어느 정도 수준인지도

---

14. 공격 마무리 시점에 투입되어 주로 킥이나 펀트를 담당하는 선수들.

알게 된다. 팀메이트로서 서로 끈끈한 유대관계를 쌓게 되면 팀 내에 장애를 일으킬 수도 있는 문제들조차 극복할 수 있겠다는 자신감이 생긴다. 우리 팀의 경우에는 그 지독한 끈끈함이 2012년의 성공을 이끈 원동력이었다. 팀원들은 우리가 똘똘 뭉쳐 한 시즌 동안 벌어지는 여러 풍파를 돌파해 나간다면, 그리고 계속해서 그 끈끈한 관계를 이어가려고 노력한다면, 언제나 우리가 원하는 결과를 얻을 수 있다는 것을 알고 있었다. 우리는 누가 나서서 획기적인 플레이를 해야만 하는 상황이 돼도, 우리가 그 일을 해낼 수 있다는 것을 알고 있었다. 팀원들 사이가 끈끈하다면 조직 내에는 이렇게 큰 시너지가 생기고 팀은 결코 와해되지 않는다.

기술이 아닌 사람에 접속하라

마이크 스미스

지금 우리는 역사상 그 어느 때보다도 서로 연결된 세상에 살고 있다. 지난 30여 년간 기술의 발전은 삶을 여러모로 더 쉽게 만들어주었지만, 또 여러모로 어렵게 만들기도 했다. 코칭이라는 업무에 처음으로 컴퓨터가 도입됐던 때가 기억난다. 사람들은 작전을 짜는 데 컴퓨터를 다방면으로 활용할 수 있을 거라고 기대했다. 코치들은 더 이상 경기 영상을 분석하느라 긴긴 시간을 보내지 않아도 될 것 같았다. 상대팀의 성향을 파악하는 데이터 평가 및 분석 작업이 빨라져서 코치들의 일은 더 수월해지고 시간은 절약될 줄 알았다. 시즌 동안 코치들도 이제 더 이상 16시간에서 18시간씩 일하지 않아도 될 줄 알았다. 이 신기술은 분명 상대팀 성향 분석에 걸리는 시간을 줄여주었다. 하지만 코치들이 일하는 시간을 줄여주지는 못했다. 데이터 분석 시간이 빨라지고 그 결과를 디지털 영상과 결부할 수 있게 되자,

라커룸 리더십

데이터를 더 많이 쪼개서 분석하려는 충동이 생긴 것이다. 이제는 데이터를 너무나 다양하게 쪼개볼 수 있게 되어서 오히려 '데이터 마비'에 빠지지 않게 조심해야 할 지경이 되었다. 도움을 받으려고 만든 기술이 자칫 방심하면 독이 될 수도 있는 것이다. 온라인에 접속할 수 있는 다른 많은 기기에도 해당되는 얘기다.

서로 소통할 수 있는 방법은 더없이 많아졌지만, 안타깝게도 그 의미는 점점 퇴색하고 있다. 사람처럼 기능할 수 있는 기계들을 설계하다보니, 사람들이 기계처럼 바뀌고 있는 것이다. 나는 지난 2년간 라커룸에서 서로 얼굴을 마주보고 소통하는 방식에 변화가 일어나는 것을 목격했다. 선수들은 다른 선수와 소통하는 것이 아니라, 기기와 소통하고 있었다. 팀원들이 서로 관계를 쌓아나갈 수 있는 기회를 놓치고 있다는 것은 깜짝 놀라야 할 일이다. 내가 보았던 가장 훌륭한 팀들은 팀원들이 서로 함께 하는 것을 즐기는 팀이었다. 서로 관계를 쌓아나가지 않는 팀은 절대로 이길 수 없다.

어른이고 프로의 세계에 있는 사람들을 상대로 전화기를 내려놓으라고 얘기하기는 쉽지 않다. 그러나 나는 이것이 모두가 함께 의논해야 할 사안이라고 생각한다. 팀이라면 서로 유대관계를 쌓아나가는 것이 얼마나 중요한지 알아야 한다. 그리고 그런 유대관계를 형성할 수 있는 방법들을 찾아내야 한다. 휴대전화 금지 구역을 갖거나 이동 중에 휴대전화 금지 시간을 정해서 대화를 독려하는 것도 가능하다. 시즌 중에는 소셜 미디어를 금지하는 팀도 있고, 그렇지 않은 팀도 있다. 팀마다 방법은 다를 테고, 어느 방법이 어떤 팀에는 효과가 있지만 다른 팀에는 효과가 없을 수도 있다. 핵심은 다 함께 동의할 수 있는 방법과 시간을 찾아내 기술과의 접속을 끊고 서로와 접속하는 것이다.

나는 기술에 반대하는 사람은 아니다. 나는 기술이 잘만 활용하면 아주 소중한 자산이라고 생각한다. 우리가 서로 연결되는 주된 형태가 모바일 기기여서는 안 된다고 생각하지만, 우리를 소통하게 해주는 부가적 방법으로는 귀중한 수단이라고 생각한다. 예를 들어 코치로서 격려의 말 한 마디를 건네거나, 내가 늘 너희를 생각하고 있으니 힘든 일이 있으면 언제든 찾아와도 좋다는 얘기를 전하기에는 문자 메시지가 아주 훌륭한 수단이다. 흔히 'K 코치'로 통하는 마이크 셔셰프스키^{Mike Krzyzewski} 감독이 올해부터 선수들에게 문자 메시지를 보내기 시작했다는 소식을 들었다. 심지어 트위터 사용법도 배웠다고 한다. K 코치가 본인의 팀 선수들과 유대 관계를 쌓기 위해 기꺼이 기술을 사용한다면 이것은 시사하는 바가 크다. 요즘 젊은 운동선수들은 여러 기기를 활용해 자주 소통하므로, 코치나 리더들도 그들과 소통하고 싶다면 같은 방식으로 연락할 수 있게 적응해야 한다. 하지만 이것은 어디까지나 1대1 대화에 부가적인 역할이어야 한다. 서로의 눈을 마주보며 진정으로 마음과 마음이 통하는 의미 있는 관계를 쌓을 수 있는 방법은 1대1 대화이기 때문이다. 진짜 인간관계와 진짜 유대감은 그렇게 만들어진다. 소셜 미디어와 문자 메시지는, 올바르게 사용한다고 했을 때, 이런 관계를 발전시키고 강화해주는 정도의 역할을 할 뿐이다.

끈끈한 라커룸을 만들어라

존 고든

나는 마이크가 얘기한 '마음이 통하는 대화'를 정말 좋아한다. 그런 대화를 나누기 위해서 우연한 기회가 생길 때까지 기다릴 필요는 없다. 끈끈한 팀과 라커룸을 만들려면 시간을 내서 서로에 대해 알아가야 하고, 그런 과정에 도움이 될 만한 행사 계획도 세워야 한다. 집에서 우리 가족은 일주일에 한 번 모임을 가진다. 이 가족 모임이 없었다면 우리는 여유를 내서 필요한 대화를 나누지도 못했을 테고, 필요한 만큼 서로에 대해 알아가지도 못했을 것이다. 우리는 바쁘고 스트레스로 가득한 세상을 살고 있다. 시속 160킬로미터의 속도로 삶을 통과하는 중이라면 다른 사람들과 관계를 쌓을 생각은 도무지 들지 않는다. 하지만 훌륭한 팀을 만들고 싶다면 그것이 여러분이 할 수 있는 가장 중요한 일이다. 리더라면 일부러 팀원들과의 사이를 발전시키려고 해야 하며, 팀원들 상호간에도 서로를 더 잘 알 수 있

는 방안을 고안해야 한다. 대학 스포츠팀의 경우를 보면 내가 협업한 많은 팀들이 전직 해군 특수부대 출신의 강사를 초빙해서 선수들 사이에 끈끈한 유대감을 키워줄 여러 팀워크 훈련을 실시했다. 그런 유대 관계를 키우기 위해 『에너지 버스』나 『트레이닝 캠프』『한 단어』One word『안전모』같은 내가 쓴 책들을 활용하는 팀도 있었다. 팀원들 전체가 다 같이 책 한 권을 읽고 함께 토론하는 것이다. 책에 나오는 원칙들을 연극이나 영상, 시 등의 형태로 발표하는 팀도 있다는 얘기를 들었다. 팀 내에서 두세 명씩 짝을 정해 책임지고 창의적인 방식으로 원칙 한 가지를 다른 팀원들 앞에서 발표하는 것이다.

내가 강연을 했던 팀 중에는 각자 단어 하나를 골라서 1년간 그 단어에 맞게 살기로 하는 '한 단어' 게임을 실천하는 팀도 많았다. 팀원들이 각자 자신이 고른 단어를 밝히고 왜 그 단어를 골랐는지 이야기하는 것은 아주 효과가 좋은 방법이다. 예컨대 육군 농구팀 소속의 어느 선수는 '발톱'이라는 단어를 골랐는데, 발톱을 세운 짐승처럼 터프해지고 싶어서라고 했다. 이 선수가 전방십자인대가 찢어지는 부상을 당하자 팀원들은 '발톱'을 팀 전체 단어로 채택했다. 수많은 대학 농구팀과 미식축구팀들이 이 한 단어 게임을 도입했고 확실한 효과를 봤다. 마이크와 애틀랜타 팰컨스도 NFL 챔피언십에 진출했던 해에 이 게임을 했었다.

나는 또 팀원들이 자신의 내밀한 부분을 털어놓고 의미 있는 이야기를 나누면서 공감하는 팀 강화 훈련도 아주 좋다고 생각한다. 내가 가장 좋아하는 훈련 중에 하나는 '영웅, 고난, 하이라이트'라는 게임이다. 팀원들은 자신의 영웅은 누구이고, 자신의 삶에서 하이라이트가 되는 최고의 순간은 언제이며, 힘들었던 고난은 뭐가 있었는지 털어놓는다. 이렇게 팀원들이 자신의 이야기를 공유하게 되면, 모두가 의미 있는 관계를 맺을 수 있다. 나는 또 '결정적 순간'이라는 게임도 좋아한다. 회의실 안을 돌아다니며 자신의 삶에서 결정적 순간이었던 때를 서로 공유하는 게임이다. 누군가의 결정적 순간을 알게 되면 그 사람에 대해 훨씬 더 잘 알게 된다. 그리고 언제나 내가 가장 좋아하는 게임은 '정말로 나를 안다면 이건 꼭 알아야 해'라는 게임이다. 팀원들이 서로 마음을 열고 속에 있는 얘기를 꺼내놓으면, 사람들 사이의 벽이 허물어지고 약점이 될 것 같던 부분이 오히려 끈끈한 유대감과 강점이 된다. 물론 이곳에서 터놓는 얘기는 비밀이 유지되고 팀 밖으로는 새나가지 않는다는 것을 모두가 알 수 있게 '안전지대'를 만들어야 할 것이다. 이 게임은 대학 스포츠팀에서 사용하면 아주 효과가 좋다. 하지만 고등학교 팀이라면 나이로 보나 성숙 정도로 보나 이런 게임이 쉽지 않을 수도 있다. 인간이라면 누구나 아프고, 고통스럽고, 두려웠던 과거의 순간이 있다. 그런 감정을 누군가에게 털어놓을 때 우리는 치유받고 성장할 수 있다. 구성원들이 서로 관계를 쌓고 성장하면 팀은 더 강해진다. 약한 부분을 드러내는 것이 겉으로는 나약해

보일지 몰라도 실제로는 의미 있는 인간관계를 맺고 강한 팀을 만드는 길이다. 팀원들이 서로를 알아가고 튼튼한 관계를 맺게 되면 그저 '같이 일하는' 사이가 아니라 '서로를 위해 일하는' 사이가 될 수 있다.

라커룸에서 강한 팀이 되려면
라커룸 밖에서 교류하라

마이크 스미스

하나의 팀으로 정말 끈끈한 관계가 되고 싶다면 라커룸 밖에서도 관계를 이어가는 것이 중요하다. 우리는 팀이나 조직에 있는 모든 사람이 더 자주 교류할 수 있는 기회를 찾으려고 의식적으로 노력했다. 예컨대 시즌 내내 우리는 선수와 코치, 스카우트, 지원 스태프 및 그 가족들을 아우르는 행사를 열었다. 원정 경기 때는 수요일 저녁마다 가족 초청 식사 자리를 마련해서 아이들이 아빠와 함께 저녁 시간을 보낼 수 있게 했다. 이것은 또 직장이 아닌 분위기에서 우리가 대가족처럼 함께 어울릴 수 있는 기회가 되어 주었다. 시즌 내내 할로윈이나 추수감사절, 크리스마스 같은 명절에도 여러 가지 행사를 열었다. 또 시즌 후반기에는 '게스트 셰프 프로그램'이라는 것을 만들어서 목요일마다 선수들이 번갈아가며 점심 메뉴를 정하게 했다. 그 점심에는 테마가 있어야 했고 선수들은 서로 더 근사한 점심 자리를 만들어보려고 애썼다. '유명인 셰프'를 모셨던 근사한 식사도 많았는데 토드 맥클루어가 준비한 케이준 메뉴도 있었고 조너선 바비노Todd McClure가 마련한 카리브해식 스프레드 요리도 있었다. 라커룸 밖에서 서로의 관계를 돈독히 하려면 방법은 얼마든지 있다. 팀이나 조직의 리더라면 언제나 이런 식으로 인간적 관계를 발전시킬 수 있는 방법들을 찾아야 한다.

우리는 또 선수들에게 일터라는 압박감을 벗어난 곳에서 서로 뭉칠 수 있는 기회를 만들어주려고 했다. 그런 활동 중에는 자원봉사나 지역 자선단체를 위한 모금 행사 등과 관련된 것도 있었다. 직업이 뭐가 되었건, 우리는 자신이 얼마나 축복받은 사람들인지 잊고 살기 쉽다. 지역 사회나 어려움에 처한 이들에게 우리가 받은 축복을 되돌려주는 것은 더 끈끈한 팀과 조직을 만드는 또 다른 방법이다. 우리는 이런 기회가 재미있고 선수들도 즐길 수 있는 시간이 되게 만들려고 애썼다. '다 함께 기적 만들기' 같은 행사도 열었는데 유명 선수들이 웨이터가 되어 받은 팁으로 자선기금을 누가 더 많이 모으나 경쟁하는 방식이었다. 우리는 또 피드더헝그리Feed the Hungry 같은 자선단체도 지원하고, 취약계층 크리스마스 선물 보내기 운동에도 동참했다. 골프 행사와 볼링 행사를 기획한 적도 있었다. 나는 우리 팀이 이렇게 적극적으로 활동하는 것을 선수들이 알 수 있게 수요일 정기 팀 미팅 때면 그전 주 활동에 참가한 모든 선수의 이름을 게시판에 붙여 두었다. 우리 팀이 지역사회를 1000번 이상 방문

한 해도 있었다. 선수, 기자, 코치진이 함께 하는 골프 대회도 내가 아주 좋아했던 행사다.

이런 교류의 시간들은 정말로 효과가 있었다. 팀원들이 서로 인간적인 관계가 되면 서로를 대하는 방식에서 고스란히 드러난다. 선수들과 스태프가 한층 깊이 있는 소통을 하게 된다. 선수와 코치들 사이에 존경심이 커지고, 사람들과 부서들 사이에 존재한다는 그 유명한 '벽'도 허물어진다. 이런 것이 바로 끈끈한 팀인지를 가장 먼저 알 수 있는 지표들이다. 정말로 끈끈한 팀이 되면 선수들은 라커룸 밖의 활동에도 같이 참여한다. 선수들끼리 모여 저녁을 먹고, 카드 게임을 하고, 교회를 가고, 골프를 치고, 볼링을 친다. 아무런 다른 목적 없이 그냥 함께 하는 시간이 즐겁기 때문이다. 선수들은 서로의 자선 활동도 후원할 것이다. 이 정도의 끈끈함은 있어야 팀이나 조직이 최고의 위치에 오를 수 있다고 나는 확신한다.

유대 관계를 유지하라

마이크 스미스

앞서 내가 배운 여러 핵심적인 교훈들을 공유하겠다고 했지만, 이것이야말로 여러분이 꼭 마음에 새겼으면 하고 바라는 것이다. 팀원들과 한번 관계를 형성하고 나면 그 관계를 반드시 유지하라. 한번 맺어진 관계는 그냥 당연한 것으로 받아들이기 쉽다. 팰컨스에서의 7년을 되돌아보면, 사람들 사이의 관계야말로 멈추지 말고 계속 노력해야 할 부분이라는 생각이 든다. 조직 내의 관계는 결코 정적인 것이 아니며, 계속해서 변화한다. 이제야 분명히 깨닫게 된 사실이지만, 토머스 단장과 내 관계도 마지막에는 처음처럼 그렇게 돈독하지는 않았다. 너무 빨리 끝나버리는 결혼생활처럼 우리는 모든 게 다 괜찮다고 생각하지만, 뒤돌아보면 더 이상 노력하지 않았다는 것을 알게 된다. 토머스와 나는 언제나 훌륭한 관계를 유지해왔고 지금도 그렇지만, 무슨 일이 있었나 생각해보면, 너무 오랫동안 함께 일하고 서로를 잘 알게 되다 보니, 어느 순간부터 모든 것을 당연시했었다. 사람들은 '과거에 돈독한 사이였으니 지금도 그때만큼 돈독하겠지'라고 지레짐작한다. 하지만 확인하지 않고 지레짐작해서는 안 된다. 매년 스태프와 팀이 달라진다는 것을 놓쳐서는 안 된다. 매년 팀이나 조직의 구성에는 아주 조금이라도 변화가 생길 것이 분명하다. 그렇게 구성과 역학 관계가 항상 바뀐다면, 리더는 언제나 우리 사이가 얼마나 돈독한지, 누가 교류하고 있는지, 관계에 변화 요소는 없는지 따져보아야 한다. 모든 게 다 괜찮다고 치부해버리기 쉽지만, 뒤돌아보면 서로 더 많은 시간을 함께 보내며 결정할 사안을 의논하고, 어려움을 토로하고, 팀이 잠재력을 발휘하는 데 방해가 될 만한 이슈들을 주고받았어야 한다는 것을 알게 된다.

처음에 이기는 팀을 만들 수 있게 도와주었던 것들은 바로 그런 소소한 대화들이다. 그러니 이기고 있을 때나 지고 있을 때나 그런 대화를 계속해서 이어가도록 스스로를 독려해야 한다. 조직의 꼭대기에 있는 사람들이 서로 관계를 이어가는 것은 특히나 중요하다. 위에서부터 따로 노는 팀은 밑에서도 허물어진다. 부문별 리더들 사이의 관계가 이전만 못하다면 절대로 그 영향을 우습게 봐서는 안 된다.

이제 와서 내 과거를 바꿀 수는 없지만 여러분의 미래를 도울 수는 있다. 조직의 지도부로서 서로 끈끈한 관계를 이어가라. 선수들과의 관계를 유지하라. 선수들끼리 끈끈함을 유지할 수 있게 도와줘라. 오늘 여러분이 만드는 그 끈끈한 유대감이 튼튼한 연결고리가 되어 내일은 팀을 더 공고하게 만들어줄 것이다.

COMMITMENT

6장

리더가 먼저 헌신하라

중요한 것은 여러분이 아니다.
중요한 것은 여러분 자신을
팀에 헌신하는 일이다.

헌신을 바란다면 헌신하라

마이크 스미스

　팀원들에게 헌신에 관해 이야기할 때 내가 자주 하는 얘기가 있다. 바로 아침식사에서 하는 닭과 돼지의 역할이다. 닭은 아침식사에서 달걀을 생산하는 데 참여하지만, 돼지는 아침식사를 위해 헌신한다. 돼지는 모든 걸 내놓는다. 훌륭한 리더, 코치, 팀원이 되려면 단순히 '참여'만 가지고는 안 된다. 헌신해야 한다. 리더라면 조직 내의 그 누구보다 나의 헌신 수준이 높은지 평가해봐야 한다. 이런 헌신에는 다양한 형태가 있을 것이다. 팀이 번창하고, 성장하고, 개선되고, 여정을 즐길 수 있게, 거기에 꼭 맞는 환경을 만들기 위해서 할 수 있는 일은 뭐든 다 하겠다고 다짐해야 한다. 팀을 더 훌륭하게 만들겠다고 결심해야 한다. 힘든 결정, 때로는 사람들이 싫어할 결정도 내릴 준비가 되어야 한다. 시간을 들여서 선수들의 재능과 강점을 개발해야 한다. 팀이나 조직에 있는 모든 사람이 하루 24시간 매일매일 여러분의 행동에서 그런 헌신을 느낄 수 있어야 한다. 어쩌다 한 번이 아니라, 언제나 그래야 한다. 팀의 성적이나 개인의 활약상에 따라 여러분의 헌신 수준이 달라져서는 안 된다. 팀원들이 지금 성장의 어느 단계에 와 있건, 그들이 최고가 되기 위한 일이라면 뭐든 도와줄 거라는 사실을 팀원들한테 보여주어야 한다. 팀원들 개개인이 최고가 될 수 있게 헌신적으로 돕는다면, 시간이 갈수록 개인도, 팀의 성과도 더 좋아질 수밖에 없다.

헌신은 말보다는 행동으로 보여주어야 한다. 여러분이 사람들을 어떻게 대하는지, 모든 팀원과 어떻게 소통하는지, 헌신은 행동에서 드러나기 때문이다. 여러분이 헌신적이면 모두가 알 수 있고, 모든 팀원이 느낄 수 있다. 코치들은 자주 팀원들이 헌신하기를 바라지만, 코치 스스로가 먼저 팀원들에게 헌신을 보여주지 않고서는 그들의 적극적 참여를 끌어낼 방법이 없다. 팀원들이 코치가 자신을 지도하고, 가르치고, 돕기 위해 거기 있다는 사실을 알 수 있어야 한다. 팀원들이 코치의 헌신을 보고, 듣고, 느낄 수 있어야 하며, 코치가 그들이 운동장 안에서나 운동장 밖에서나 성공하기를 바란다는 것을 알 수 있어야 한다. 코치는 팀에 바치는 시간을 통해서, 그리고 팀원들에게 기꺼이 봉사하고 그들의 개선을 도와주려는 모습을 통해, 매일매일 이런 헌신을 보여줄 수 있다. 그들이 최고가 되도록 돕기 위해 여러분이 헌신한다는 사실을 팀원들이 알 수 있을 때에만, 팀원들

　　　　　　　　라커룸 리더십

도 여러분에게 헌신할 것이고 여러분을 위해 모든 것을 바칠 것
이다.

헌신은 리더로부터 시작된다

마이크 스미스

　내가 애틀랜타 팰컨스의 감독직을 수락한 데는 구단주인 아
서 블랭크가 팀과 승리에 헌신하는 사람이라는 것을 알고 있었
던 이유도 있다. 아서를 만나기 3년 전인 2005년 3월에 NFL은
플로리다 주 올랜도에서 부코치들을 위한 코칭 심포지엄을 개
최했다. 우리 같은 부코치들에게는 그때가 구단주나 감독, 단장
들을 만나볼 수 있는 기회였는데, 그 중에는 관심 있는 분야에
대해 발표를 하는 사람들도 있었다. 아서도 그런 발표자 중 한
명이었다. 나는 그전까지 아서를 만나본 적이 없었기 때문에 아
서가 어떤 사람인지 잘 몰랐다. 아서에 대한 소개말을 듣고서야
나는 그가 홈디포의 설립자라는 사실을 알았다. 홈디포야 물론
내게도 익숙한 브랜드였다. 나는 항상 그곳 매장 직원들의 친절
에 감탄하곤 했었다. 그곳 직원들은 자신들이 쇼핑객을 위해 존
재한다는 점을 분명히 하고, 쇼핑이 즐거운 경험이 될 수 있게

최선을 다했다. 나는 그런 헌신적인 서비스가 매장 일선에서부터 시작되었을 리 없다는 것을 알고 있었다. 직원들이 그 정도로 헌신적이려면 아서 역시 자신의 팀에 봉사하는 사람일 수밖에 없었다.

세월이 흘러서 팰컨스의 감독이 된 지도 몇 년이 지났을 때쯤 나는 아서가 홈디포에 남긴 유산을 직접 목격할 기회가 있었다. 행사가 있어서 아서와 나는 우리 티켓 담당팀 및 마케팅팀과 함께 홈디포 본사를 방문했다. 그 행사에는 홈디포 본사에 있는 직원 수천 명이 참석하고 있었다. 아서는 더 이상 홈디포의 오너가 아니었음에도, 아서가 소개되자 그곳에 모인 사람들은 기립박수를 보냈다. 아서는 회사를 떠난 이후 처음으로 그 건물을 방문하는 것이었다. 그곳 사람들은 아직도 아서에 대한 애정을 간직하고 있었고 아서가 했던 일을 우러러보는 것이 분명했다. **그렇다. 헌신이란 위에서부터 시작되어야 한다.**

느끼는 것은
듣는 것보다 강력하다

존 고든

2014년 여름 내가 미국 육군 사관학교를 방문했을 당시 우연찮게도 미국 농구팀 역시 그곳을 방문 중이었다. 감독이었던 'K 코치' 마이크 셔셰프스키는 미국을 대표한다는 것의 참 의미를 일깨워주기 위해 팀원들을 그곳에 데려온 것이었다. K 코치는 그곳이 특별한 장소라는 것을 알고 있었다. K 코치 자신도 그곳을 나왔을 뿐만 아니라, 그곳의 밥 나이트 감독 밑에서 야구를 했고, 5년간의 군복무 후에는 그곳의 감독으로 돌아와 듀크대학교의 감독이 되기 전까지 5년간 그곳 선수들을 지도했다. K 코치는 자신의 얘기를 듣는 것만으로는 선수들이 거기가 어떤 곳인지 온전히 이해하지 못하리라는 것을 알고 있었다. 선수들이 직접 와서 보고 느껴야 했다. K 코치는 이렇게 말했다. "이곳에 대해 말로만 떠들고 영화로만 봐서는 안 됩니다. 여기를 느껴봐야 해요. 이런 곳에 다녀본 사람은 알지요."

라커룸 리더십

K 코치는 봉사와 희생에 관한 말도 마찬가지라는 것을 알고 있었다. 선수들은 몸으로 직접 느껴봐야 했다. 그래서 K 코치는 방문 첫 일정으로 팀원들을 웨스트포인트 국립묘지로 데려가 전몰장병 가족과의 만남을 가졌다. 전몰장병 가족들은 그들의 자녀가 어떻게 나라에 봉사하다 죽었는지 들려주었고 미국 국가대표 농구팀 선수들은 그 이야기를 경청했다. 이전에도 선수들은 봉사와 희생이라는 것의 개념은 알았을지 모른다. 하지만 전몰장병들의 무덤을 직접 보고, 개개인의 봉사와 희생에 얽힌 이야기를 듣고, 그 가족들의 상실감을 느낀 후에야 선수들은 봉사와 희생의 의미를 진정으로 이해했다. 이것은 우리에게도 강력한 교훈을 남겨준다. 느끼는 것은 단순히 듣는 것보다 훨씬 더 강력하다. 팀원들은 여러분의 헌신을 말로만 들어서는 안 되고 몸으로 느껴야 한다. 사람들은 리더의 얘기를 듣는 것만으로도 무언가를 배우지만, 리더의 헌신을 '느꼈을 때'에야 비로소 변화한다.

훌륭해지고 싶다면 봉사하라

존 고든

리더가 시간을 내서 팀원들에게 봉사할 때 팀원들은 리더의 헌신을 몸으로 느낀다. 예수는 제자들의 발을 씻어주었고, 마틴 루터 킹은 행진했으며, 마더 테레사는 가난한 자들을 먹이고 아픈 자들을 치료했다. 나는 그동안 간단하지만 강력한 방법으로 팀원들에게 봉사하는 리더들을 많이 보았다. 리더가 되어 힘과 책임이 생기면 팀원들이 자신에게 봉사해야 한다고 생각하는 경우가 많다. 하지만 훌륭한 리더는 팀원들에게 봉사하는 것이 자신의 일임을 안다. 리더가 팀원들에게 봉사하면, 리더는 팀원들의 성장을 돕고 팀원들은 리더의 성장을 돕는다.

자기 자신과 팀원들, 양쪽을 동시에 봉사할 수는 없다. '나'에게 봉사할 것인지, '우리'에게 봉사할 것인지 결정을 내려야 한다. 자기 자신만 챙기는 '말로만 리더'가 될 것인지, 아니면 남들에게 봉사하는 '진짜 리더'가 될 것인지 말이다. 요즘 같은 세상에 하인 같은 리더, 소위 '서번트 리더'servant-leader가 되기는 쉽지 않다. 그 어느 때보다 지금 리더들은 실적에 대한 압박을 심하게 받는다. 비즈니스 리더라면 주식 시장과 이사회, 주주들에게 답해야 한다. 감독이라면 구단주, 단장, 팬들에게 답해야 한다. 학교의 리더는 학교 이사회, 감독관, 학부모들에게 답해야 한다. 기대에는 압박과 스트레스도 따라온다. 리더는 살아남아야만 할 것 같고, 팀원들에게 봉사하기보다는 자기 자신부터 지켜야 할 것 같다. 리더가 뿌리가 아닌 과실에 초점을 맞추고, 팀원들을 키우는 과정보다는 결과를 걱정한다면, 단기적으로는 살아남을 수 있을지 몰라도 장기적으로 번창할 수는 없다. 자기 자신만 챙기는 리더는 더 나은 세상을 만드는 업적은 남길 수 없다. 챔피언십을 몇 번 이기고, 돈을 벌고, 단기적으로 명성을 얻을 수 있을지는 몰라도, 진정한 위대함은 리더가 다른 사람들 안의 위대함을 끌어낼 때 달성되는 것이다. 훌륭한 리더나 감독들은 훌륭한 하인이다. 훌륭한 감독은 팀원들이 훌륭해지도록 희생하고 봉사한다. 매일매일 여러분이 자문해봐야 할 것은 이것이다. '내가 이끄는 사람들과 내 팀원들에게 봉사하기 위해 나는 무엇을 하고 있는가?' '그들이 최고의 모습이 되도록 나는 어떻게 봉사할 수 있는가?' '저들에 대한 나의 헌신을 나는 어떻게 몸소 보여줄 것인가?' 훌륭한 사람만 봉사를 할 수 있는 것은 아니다. 하지만 봉사하지 않고서 훌륭한 사람이 될 수는 없다.

헌신은 집에서부터 시작된다

마이크 스미스

애틀랜타 팰컨스의 감독에서 해고됐을 때 나는 다시 감독 일을 할 수도 있었다. 하지만 결국 올해는 선수들을 가르치지는 않기로 결심했다. 헌신은 집에서부터 시작된다는 것을 알기 때문이다. 그동안 나는 우리 팀에 너무나 몰두한 나머지, 아내와 고등학생이 된 딸이 올해는 나를 필요로 한다는 사실을 뒤늦게 깨달았다. 결과적으로 지금까지 내가 내린 결정 중 가장 잘한 결정이었다. 나는 딸애의 라크로스 경기에 거의 빠짐없이 참석했고 경기 기록을 작성하는 것까지 도왔다. 딸아이의 코치들 말로는 나처럼 자세하게 경기 기록을 작성하는 사람은 본 적이 없다고 한다. (NFL 코치로 살아보면 자세한 기록이 뭔지 제대로 알게 된다.) 나는 또 아내 일을 돕는 데도 더 많은 시간을 썼다. 정말 다행한 일이다. 리더나 감독들은 헌신이나 리더십, 봉사 같은 것이 뭐 대단한 일을 뜻한다고 생각하는 것 같지만, 실은 별것 아닌 일들을 통해 팀원들에게 리더가 그들을 위한다는 것을 알리는 일이 바로 헌신이고 리더십이고 봉사다.

물론 나는 지금도 팰컨스의 감독이었으면 좋겠다. 그랬다면 팀 분위기를 쇄신할 수 있었을 거라고 굳게 믿기 때문이다. 빌 카우어와 피츠버그 스틸러스도 빌 카우어가 감독이 된 지 7, 8년차였던 2시즌을 연속 패한 후 전열을 재정비해 슈퍼볼에서 우승했지 않은가. 나는 우리도 그렇게 할 수 있었을 거라고 믿지만, 이번 기회에 가정에서 헌신하는 것이 얼마나 중요한지 알게 되었으니 큰 축복이기도 하다. 그리고 나는 이 교훈을 일선에 있는 모든 리더 및 감독들과도 공유하고 싶다. 일에서 얼마나 성공했는지는 중요하지 않다. **가정에서 실패한다면 당신은 그냥 실패자다. 부모가 되고 배우자가 될 기회는 한 번뿐이므로 우리는 내 전부를 다 바쳐서 집에 있는 '우리 팀'에 헌신해야 한다.** 다시 감독이 된다면 나는 똑같이 선수들에게도 헌신하겠지만 집에 있는 우리 팀에 헌신하는 일도 더 잘해낼 것이다. 양쪽 다 하는 것도 가능하다. 둘 다 중요한 일이라고 생각하기만 하면 된다.

'시간'이라고 쓰고 '헌신'이라고 읽는다

존 고든

마이크가 가정에 대한 헌신을 이야기하니 나도 몇 년 전의 일이 떠오른다. 나는 '그 해의 단어'를 뭐로 정할까 고민하고 있었다. 1월 1일이 다가오는데 아직도 그 해의 단어를 정하지 못했던 것이다. 그러다가 결국 단어를 찾아낸 것은 라디오를 듣는 순간이었다. 나는 그 해의 단어를 '봉사'로 하기로 했다. 내가 그 단어를 골랐다기보다는 단어가 나를 골랐다는 표현이 옳다. 나는 여러 기업체며 학교, 스포츠 팀 등에 강연을 하느라 출장이 잦았고, 아내와 10대였던 우리 아이들은 집에서 고전하고 있었다. 마이크처럼 그때야 나도 깨달았다. 이제 내 집에 대한 봉사를 시작해야 할 때라고 말이다. 나는 내가 가족들에게 전심을 쏟고 있다는 사실을 보여줘야 했다. 그래서 상당히 많은 강연 약속을 거절하고 가족과 보낼 '시간'을 만들었다. 결국 그 해는 내 인생에서 가장 힘들었던 한 해가 됐다.

우리 딸은 학교생활에 문제가 있었다. 아내와 아들은 틈만 나면 싸웠다. 아내는 스트레스를 받았고 감당하기 힘들어했다. 아이들이 내가 어릴 때처럼 자주적으로 자라줬으면 하고 바랐던 나로서는 몹시 실망스러운 상황이었다. 나는 아내가 그 모든 걸 감당해주길 바랐다. 대체 가족들에게 내 도움이 왜 필요하단 말인가? 나는 그냥 세상에 족적을 남기는 데 집중하면 안 될까? 대체 왜 나는 이 정도의 팀밖에 가질 수 없는 걸까? 그렇다. 인정한다. 심지어 나는 '팀이 달랐으면' 하고 바랐다. 여러분은 다른 팀을 원해본 적이 없는가? 리더나, 코치, 부모라면 그 답은 '원해본 적이 있다'라는 것을 나는 안다. 그렇게 실망은 했지만 나는 우리 팀이 더 나아질 수 있도록 도울 수 있는 시간을 만들어냈다. 나는 매일 아침 딸아이를 차로 등교시키며 딸아이를 격려했다. 딸아이가 집에 돌아오면 숙제를 철저히 챙겼고, 제대로 준비하고 공부하고 있는지 확인하기 위해 관련된 주제를 이것저것 물어보기도 했다. 아이들의 잠자리를 봐주고 함께 기도했다. 빨래도 자주 했다. 가족들이 매일 겪는 어려움에 깊숙이 관여했다. 간단히 말해 나는 가족에게 헌신적인 사람이 됐다.

그 해 12월에 아내는 내게 내년의 단어는 뭐냐고 물었다. 혹시 '이기주의'냐고 했다. 내가 그토록 가족들을 위하는 것은 본 적이 없었기 때문이다. 나는 그럴 리가 있겠냐고 했다. '봉사'는 이제 나 자신의 일부였고 내가 헌신하기로 한 일이었다. 가족들에게 봉사할 시간을 만듦으로써 나는 내가 진정으로 가족들을 위한다는 것을 몸소 보여줬다. 나는 나에게 다른 팀이 필요했던 것이 아니라, 내가 시간을 내고 봉사해서 더 나은 리더가 됐어야 했다는 것을 알게 됐다. 내 존재는 온통 '나'에게만 초점을 맞추려고 했지만, '우리'에 초점을 맞췄을 때 나는 최고의 내가 되었다. 또 나는 리더에 관한 중요한 진실도 하나 깨달았다. 리더가 지금 팀의 리더가 된 데는 이유가 있다. 팀원들과 뭔가 어려움이 있다면 그것은 더 나은 리더가 되라는 의미일 뿐이다.

가족들에게 헌신하고 봉사하는 법을 배우는 동안 나는 더 나은 리더가 됐다. 아이러니컬하게도 그때부터 내 책도, 강연가로서의 내 이름도 유명해지기 시작했다. 하루는 테니스를 치다가 허리를 다친 아들을 아내가 척추 지압사에게 데려갔다. 지압사가 내 안부를 묻자, 아내는 내가 세계리더콘퍼런스에서 유명한 사람들을 잔뜩 앉혀놓고 강연 중이라고 했다. 지압사는 이렇게 말했다. "존이 유명하긴 하죠." 그러자 우리 아들이 이렇게 답했다고 한다. "집에서는 아니에요. 집에서는 빨래 담당이세요." 아내에게 이 말을 듣고 나는 얼굴이 환해졌다. 아들이 내가 집에서 헌신한다는 사실을 알아준다는 것만으로도 세상을 다 가진 기분이었다. 하루가 저물 때 나는 유명인이고 싶지는 않다. 나는 우리 집에서 유명인이고 싶다. 딸아이는 학교생활을 잘하고 있고, 아내는 더 행복해졌고, 나는 아들이 최고의 모습이 되도록 옆에서 돕고 있다. 모든 성공은 내 주위 사람들을 더 나은 상태로 만드는 데서부터 시작된다.

라커룸 리더십

헌신하면 모두가 더 좋아진다

마이크 스미스

이기는 팀을 만들고 주위 사람들을 더 좋게 만드는 것과 관련된 얘기를 하려면 스웬 네이터Swen Nater의 얘기를 빼놓을 수 없다. 스웬은 사이프러스전문대학에서 전문대학 리그 최고의 선수로 뛰고 있을 당시 UCLA의 존 우든John Wooden 감독으로부터 스카우트 제안을 받았다. 전하는 얘기에 따르면, 우든 감독은 스웬에게 우리 팀에는 이미 빌 월튼Bill Walton이라는 세계 최고의 센터가 있으니 출전 기회가 많지는 않을 거라고 얘기했다고 한다. 하지만 매일 빌 월튼을 상대로 연습할 기회는 있을 거라고 말이다. 우든 감독은 2미터 11센티미터의 네이터가 빌 월튼을 계속 압박해서 월튼이 더 나은 선수가 되기를 바랐다. 네이터는 UCLA에서 자신의 역할을 받아들였다. 그리고 매일같이 연습할 때 하나의 과제에만 집중했다. 빌 월튼을 더 나은 선수로 만드는 것 말이다. 하지만 빌 월튼을 더 나은 선수로 만드는 동안 재미난 일이 벌어졌다. 스웬 역시 실력이 향상된 것이다. 스웬은 ABA[15]와 NBA 역사를 통틀어 1라운드에서 지명되고도 대학 경기에서 선발로 뛰어본 적이 없는 유일한 선수다. 스웬은 ABA '올해의 신인'으로 선정되었고 ABA와 NBA를 통틀어 12년간 선수로 뛰었다. 그는 팀원들이 더 나아지도록 돕다 보면 스스로도 더 나은 위치에 갈 수 있다는 것을 보여주는 훌륭한 사례다. 다른 사람의 발전을 돕는 데 집중하면 우리도 발전한다. 스웬은 팀을 위해 헌신하는 동안 스스로도 성공한 프로 농구선수가 되었고, 지금은 코스트코의 경영진으로 있다.

주위 사람들을 더 훌륭하게 만드는 것과 관련해, 내가 지도한 선수들 중에 정말로 헌신적이었던 사람은 로디 화이트다. 대부분의 사람들은 경기 중인 로디 화이트의 모습밖에 볼 수가 없었지만 나는 운 좋게도 1년 내내 매일 같이 헌신하는 로디의 모습을 볼 수 있었다. 로디는 지난 몇 년간 잦은 부상에 시달렸다. 그러나 그는 물리치료실에서 수없이 많은 시간을 보내며 다시 건강한 모습으로 경기에 나가기 위해 할 수 있는 모든 일을 했다. 그랬기 때문에 133경기 연속 출장도 가능했던 것이다. 일요일에 경기를 할 수 있을 만큼 건강한 몸을 만들기 위해 그렇게까지 헌신하는 사람을 나는 한 번도 본 적이 없다. 로디 화이트가 동료들이 있는 경기장에 나가지 못하는 일은 있을 수가 없었

---

15. ABA(American Basketball Association) : 1976년 NBA와 통합되기 전까지 존재했던 미국 프로농구 리그의 하나.

다. 동료들은 로디의 노력과 헌신을 보고 자신들도 더욱 더 헌신했다.

맷 라이언 역시 쉬는 날에도 나와서 영상을 보며 헌신하는 모습을 보여줬다. 꼭 그렇게까지 할 필요는 없었지만 맷 라이언이 그렇게 했던 이유는 더 나아지고 싶고, 코치진과 경기계획을 짜는 과정에 참여하고 싶었기 때문이었다. 작전을 연습하기 위해 팀원들과 모였을 때 맷 라이언은 이미 하루 전에 계획을 다 알고 있었다. 그의 이런 헌신이 나머지 팀원들까지 더 훌륭한 선수로 만들었다.

토니 곤잘레스는 추가적인 기술 연습뿐만 아니라 영양 공급에도 갖은 정성을 기울였다. 토니는 언제나 어떻게 하면 상대 선수들보다 더 유리한 입장에서 그들보다 나은 경기를 할까 방법을 찾았다. 그는 균형 잡힌 식단으로 몸에 영양을 잘 공급하면 경기에서 이길 확률이 높아질 뿐만 아니라 시즌 내내 건강을 유지하기도 더 쉽다는 것을 알고 있었다. 토니의 이런 모습은 다른 선수들에게까지 옮아갔고 영양 공급에 신경 쓰는 선수들이 더 많아졌다.

잭슨빌 재규어스에서도 나와 함께 했고 애틀랜타 팰컨스에 합류해 마지막 세 시즌을 보냈던 마이크 피터슨은 헌신이 어떻게 더 훌륭한 팀을 만드는지 온몸으로 보여준 선수였다. 선수시절 내내 선발로 뛰었던 마이크는 2012년에 백업 선수가 됐다. 하지만 팀에 대한 마이크의 헌신은 그 시즌에 절정에 달했다.

마이크는 우리 팀의 성공을 위해서라면 그 어떤 궂은일도 마다하지 않았다. 스페셜팀 유닛으로 뛰었고 어린 선수들의 멘토가 되어주었다.

이렇게 헌신적인 팀원과 함께 있으면 주위의 모든 사람이 더 훌륭해진다. 팀의 일원으로서 팀의 성공에 기여할 수 있는 방법은 얼마든지 많다. 언제나 무슨 대단한 일을 해야 하는 것은 아니다. 몸으로 행동하고, 경기 준비, 건강, 영양 공급, 연습, 회복 기타 자기 자신과 팀을 더 좋은 상태로 만들 수 있는 일이라면 뭐든 정성을 다하면 된다.

안전모

존 고든

『안전모』에서 나는 조지 보이야디^{George Boiardi}에 관한 얘기를 했다. 나는 그가 역사상 가장 훌륭한 팀메이트가 아닐까 생각한다. 조지는 나보다 11년 후에 코넬대학교 라크로스 팀에서 뛰었고, 2004년 경기장에서 죽었다.

코넬대학교 라크로스 팀은 연습이나 경기 때마다 안전모를 가지고 다녔다. 그들의 블루칼라 직원윤리를 나타내는 물건이었다. 그들은 매년 희생과 헌신, 열심히 노력하는 팀원의 가치를 보여준 신입생 한 명을 선발해서 그 안전모를 갖고 다니게 했다. 조지도 1학년 때 그 안전모 담당으로 선발됐다. 조지가 죽은 후 코넬대학교는 그 안전모에 조지의 등번호 '21'을 새겼다. 조지의 헌신과 열정을 언제까지나 기억하기 위해서였다. 이후로 오랫동안 조지와 그 안전모는 코넬대학교 라크로스 팀의 상징이 되었고 팀은 유례없는 성공을 거두었다. 조지의 코치들과 동료 선수들은 조지가 얼마나 헌신적인 선수였는지 내게 이야기해주었다. 11년이 지난 지금까지도 다른 사람들에 대한 조지의 영향력은 점점 더 커지고 있다. 조지는 팀 내에서 가장 열심히 노력하고 가장 희생하는 인물이었고, 여러 모로 사람들에게 봉사하는 모습을 보여줬다. 조지는 시간을 내서 동료 선수들을 집까지 태워다주고 격려의 말을 건넸다. 라커룸을 가장 마지막에 떠나는 선수였고 동료들이 다 나가고 나면 언제나 뒷정리를 했다. 뭔가 개선할 것이 있는 선수가 있으면 오프시즌에도 시간을 내서 함께 연습해주었다. 조지는 남들이 알아주기를 바라지 않았고, 그저 더 훌륭한 팀이 되는 데 보탬이 되고 싶을 뿐이었다. 조지의 동료들은 아직까지도 조지에 비춰서 스스로를 평가하며, 지금의 동료들에게 충분히 봉사하고 있는지, 헌신적인 삶을 살고 있는지 고민한다. 이제는 조지를 한 번도 만나보지 못한 사람들조차 조지라는 롤모델을 따라 더 크게 헌신하고 있다. 팀원들에게 봉사했던 헌신적인 리더 한 명이 다른 사람들의 삶에 얼마나 큰 영향을 줄 수 있는지는 놀라울 정도이다. 이 이야기가 여러분에게도 어떤 울림이 있다면, 여러분도 여러분만의 안전모를 쓰고 일터로 나가겠다고 결심하라.

중요한 것은 내가 아니다

존 고든

내가 칼 리버트Carl Liebert를 처음 만났을 당시 그는 '트웬티포 아워 피트니스'24 Hour Fitness의 CEO였다. 그는 자신의 회사 리더들을 위해 강연을 해달라고 나를 초청했다. 칼은 해군사관학교 졸업생으로 데이비드 로빈슨과 함께 해군 야구팀에서 뛰었다. 홈디포에서 오랫동안 성공적인 커리어를 꾸려온 칼은 자신의 서번트 리더십을 트웬티포 아워 피트니스에도 도입했다. 그가 CEO가 되기 전에 트웬티포 아워 피트니스의 경영진들은 개인 트레이너를 집으로 불러서 운동을 했다. 하지만 칼은 경영진들이 의무적으로 센터에 나와서 운동을 하도록 했다. 직원들과 더 많은 시간을 함께 보내며 팀이나 고객을 위해 더 잘 봉사할 수 있는 방법을 찾게 하기 위해서였다. 칼은 또 경영진들이 매년 가까운 지점에서 1주일간 일할 것을 요구했다. 회원권 판매 업무를 택한 경영진도 있었고 직접 트레이너 일을 보거나 회원들의 심부름을 하는 경영진도 있었다. 그런 경험을 통해 트웬티포 아워 피트니스의 경영진은 팀에 더 잘 봉사할 수 있었을 뿐만 아니라 회원들의 필요도 더 잘 이해할 수 있었다. 이런 일들은 경영진의 헌신을 모두에게 보여주는 계기가 됐고, 회사를 크게 바꿔놓았다.

트웬티포 아워 피트니스를 성공적으로 탈바꿈시킨 이후 신용협동조합 USAA에 합류한 칼은 COO(최고운영책임자)로서 계속해서 서번트 리더십과 헌신을 보여주고 있다. 나는 USAA에 갔을 때 진정성 있고 겸손하며 헌신하는 칼의 리더십을 직접 목격할 수 있었다. 칼은 의견을 묻고 피드백을 원한다. 그는 자신의 '한 단어'를 사내의 모든 사람과 공유하고, 또 모든 사람의 '한 단어'를 알고 싶어 한다. 그는 팀원들 개개인의 강점을 개발할 방법을 찾고, 팀원들이 최고의 모습이 되도록 지도한다. 그리고 무엇보다 칼은 겸손하다. 그는 그 모든 일이 자신을 위한 것이 아니라 팀을 위한 일이라는 것을 안다. 내가 그의 얘기를 책에 쓰는 줄 안다면 칼은 몹시 당황할 것이다. 그는 다른 사람의 인정을 바라는 사람이 아니기 때문이다. 하지만 칼이 너무나 큰 모범을 보여주고 있기 때문에 그의 얘기를 하지 않을 수 없었다. 중요한 것은 여러분이 아니다. 중요한 것은 여러분 자신을 팀에 헌신하는 것이다.

자존심을 버려라

마이크 스미스

    스웬이나 조지, 칼 같은 겸손한 리더가 되려면 먼저 자존심을 버려야 한다. 성공적인 리더가 되려면 훌륭해지려고 할 만큼의 자존심은 필요하다. 그러나 실제로 훌륭해지려면 자존심을 버리고 팀에 봉사해야 한다. 자존심을 버려야만 더 이상 나 자신이 아니라 팀에 초점을 맞출 수 있다. 겸손은 스스로를 하찮게 생각하는 것이 아니다. 겸손은 나 자신은 좀 적게 생각하고 팀을 좀 더 많이 생각하는 것이다(『나니아 연대기』의 작가 C. S. 루이스의 말을 좀 변형해 보았다).

    너무나 많은 리더들이 미디어가 자신에 대해 하는 말에 신경 쓴다. 그들은 성공이나 실패가 라커룸 밖의 세상에 어떻게 비칠지 걱정한다. 안타까운 일이지만, 기업가나 감독이 자신의 '팀'이 아니라 자신의 '자존심'에 근거해서 결정을 내리는 모습을 우리는 너무나 많이 보았다. 팀이 졌는데 감독이 비난을 감수하기보다는 선수들을 탓하는 경우도 있다. 감독이 그런 모습을 보인다면 팀은 라커룸에서부터 질 수밖에 없다. 선수들을 라커룸에 못 들어오게 하면서 미디어에는 자신들이 열심히 하지 않아서 졌다고 말하는 감독도 있다. 하지만, 선수들이 열심히 하지 않았다면 그게 과연 누구 탓일까? 감독이 제대로 된 팀 문화를 만들어 선수들이 열심히 뛰도록 동기를 부여하지 못했다면 그것은 감독이 비난받을 일이지 선수들을 탓할 문제는 아니다. 그 감독은 선수들을 라커룸에 못 들어가게 할 것이 아니라 스스로 이렇게 말해야 한다. "제가 지금 라커룸에 못 들어가는 것은 이번 주에 팀을 제대로 이끌지 못했기 때문입니다."

마찬가지로 판매목표를 달성하지 못했다고 담당자들을 탓하는 세일즈 매니저도 있다. 하지만 담당자들이 목표를 달성하지 못했다면 매니저들이 함께 고민해서 목표를 달성하도록 도와야 할 일이다. 목표 미달자들이 일할 의지가 없거나 팀에 기여할 마음이 없다면 그 사람들은 딴 팀을 알아봐야 할 것이다. 담당자들의 실적이 향상되도록 돕든지 아니면 팀 밖으로 내칠 수는 있어도, 성공하지 못한 것을 그들 탓으로 돌려서는 안 된다. 나라에 무슨 문제가 있으면 정치가들은 자기들만 빼고 다른 모든 사람을 탓한다. 그 어느 때보다 지금 우리에게 필요한 것은 다른 사람을 돕고 문제를 해결하는 데 관심을 쏟는 리더이지, 남들이 자신을 뭐라고 생각할까 신경 쓰는 리더가 아니다.

우리는 '라커룸 밖에 있는 외부세력이 나를 어떻게 생각할

라커룸 리더십

까'보다는 '내 팀원들이 나를 어떻게 생각할까'에 더 신경 써야 한다. 여러분이 기업가이든, 학교의 리더이든, 비영리단체의 리더이든 절대로 팀원들을 버리지 마라. 여러분 체면을 세우려고 그들의 체면을 구기지 마라. 오히려 나의 약점을 인정하고 그걸 개선하라. 자존심을 버리고, 팀원들도, 세상도 여러분이 팀원들의 편이라는 것을 알게 하라. 그런 뒤, 다시 전열을 정비하고 더 나은 팀이 되기 위해 여러분은 여러분의 몫을, 팀원들은 팀원들의 몫을 다하게 하라. 자존심을 버린다면 팀원들의 생각과 마음을 얻을 것이고, 그렇게 되면 라커룸에서 먼저 이길 수 있을 것이다.

팀이나 조직의 리더라면 비난을 내가 모두 뒤집어쓸지, 아니면 다른 누군가를 비난의 대상으로 지목할지 선택해야 할 상황에 놓일 때가 많을 것이다. 그러나 팀원들에게 봉사하는 리더가 선택할 수 있는 옵션은 하나뿐이다. 경기장이 되었든, 시장이 되었든 일어난 모든 일에 대해 책임을 져라. 무슨 일이 벌어져도 선수나 다른 코치에게 비난을 넘기지 마라. 선수 한 명이 수비에 실패하거나 잘못된 루트로 달려갔다면 그것은 감독의 책임이다. 왜냐하면 그 선수가 자기 역할을 더 잘 수행할 수 있게 준비시키지 못했기 때문이다. 비난의 화살을 다른 곳으로 돌릴 수 있을까 싶은 마음에 다른 사람을 탓할 것이 아니라 책임을 져라. 기억하라. 모든 책임은 팀이나 조직의 리더에게 있다.

경기장에서 뭔가 잘못 됐다면 어느 한 선수나 한 코치가 비난을 받지 않도록 최선을 다하라. 책임은 감독의 양 어깨 위에 나란히 내려앉는다. 물론 그것을 고치는 것도 감독의 책임이다. 조용한 곳에 관련자들을 모아 해당 상황을 논의하라. 왜 그런 일이 벌어졌는지 파악하고, 다시는 그런 일이 생기지 않게 하려면 다음번에는 다들 어떻게 해야 할지 알아내라.

나는 경기가 끝난 후, 혹은 주중에 실패한 공격이나 수비 플레이에 대한 질문을 받는 일이 많았다. 미디어는 내가 특정인을 지목하기를 바란다는 것을 알고 있었지만 나는 그렇게 하지 않았다. 한 예로 탬파베이와의 경기 때가 그랬다. 우리는 2쿼터에 장거리 터치다운 패스를 내줬다. 패스를 받은 상대 선수와 가장 가까이 있었던 선수는 우리 세이프티 포지션이었다. 작전내용을 몰랐던 사람들조차 모두 그 선수의 실수로 터치다운 패스를 내줬다고 생각했다. 하지만 실제로 우리의 수비 작전은 코너백이 깊은 지역을 책임지고 세이프티는 다른 지역을 커버하는 것이었다. 그래서 공이 공중에 떠 있을 때 세이프티가 달려들었던 것이 오히려 놀라운 장면이었다. 다들 세이프티가 죄인이라고 생각했지만 실제로 그는 아주 근사한 장면을 만들어낼 뻔했다. 이 플레이에 대한 질문을 받았을 때 나는 이렇게 말했다. "작전 지시를 내릴 때 다들 오해가 없게 제가 더 잘 챙기겠습니다." 그리고 나는 질문자에게 수비 작전이 무엇이었는지 모르면서 누구의 잘못일 거라고 지레짐작하지는 말아 달라고 했다.

리더나 팀원들이 절대로 다른 팀원을 탓하지 않는다면, 팀은 훨씬 더 원활하게 돌아갈 것이다. 맷 라이언은 전형적인 서번트 리더의 모범이 되는 선수다. 그는 다른 사람에게 비난의 화살을 돌리기보다 책임을 자처하고 팀원들을 보호하는 것이 왜 필요한지 정확히 이해하고 있다. 한 번은 우리 팀 리시버가 잘못된 루트로 뛰는 바람에 패스를 가로채기 당했는데, 그때조차 맷 라이언은 자신의 실책으로 돌렸다. 그의 잘못이 아니었는데도 말이다. 팀원들은 맷이 든든하게 뒤를 책임져준다는 것을 알고 있었고, 그러다 보니 자연히 맷을 위해 더 열심히 뛰려고 했다.

물론 어떻게 하면 실수를 바로잡을지 의논해야 할 '때와 장소'도 있다. 그런 게 바로 코치가 하는 일이고 리더가 하는 일이기 때문이다. 하지만 대중들 앞에서 그럴 것은 아니다. 또한 그런 의논을 할 때조차 최대한 많은 칭찬과 긍정적 전망을 보여줘야 한다. NBA의 명장 척 데일리Chuck Daly가 말한 것처럼, 칭찬은 남들 앞에서 크게, 비난은 조용한 곳에서 속삭이듯 해야 한다.

헌신에는 희생이 필요하다

존 고든

'헌신'의 궁극적인 형태는 '희생'이다. 훌륭한 팀을 만들고 싶다면, 여러분이 팀원들을 위해서 섶을 지고 불길 속이라도 뛰어들 것임을 팀원들이 알고, 또 느껴야 한다. 팀원들을 위해서라면 여러분이 기꺼이 희생하리라는 점을 그들이 알아야 한다. 훌륭한 리더는 쉬운 길을 놔두고 봉사와 희생이 필요한 어려운 길로 팀을 다져나간다. 그러려면 자존심은 내려놓고 팀원들을 사랑해야 한다. 누군가를 사랑하게 되면 그들을 위해 희생할 수 있다. 팀원들을 사랑하면 그들을 성장시키기 위해 무슨 일이든 할 것이다. 설사 그것이 스스로를 해치는 일이라고 해도 말이다.

이게 바로 내가 마이크와 그의 리더십을 좋아하는 이유이며, 마이크와 함께 이 책을 쓰게 된 이유다. 나는 마이크가 어떤 사람인지 안다. 어떤 인성을 가졌고 얼마나 성실하며 어떤 희생을

라커룸 리더십

해왔는지 안다. 애틀랜타 팰컨스에서 해임되었을 때도 마이크는 비난의 화살을 혼자서 받았다. 혼자만의 잘못이 아니었는데도 말이다. 마지막 두 시즌의 실패에 대해 팰컨스 조직의 다른 누군가가 비난을 감수했다는 얘기는 듣지 못했다. 조직 내의 어느 리더 하나 나서서 이렇게 말하는 것은 보지 못했다. "우리 팀 본연의 문화와 과정에서 멀어졌던 것 같습니다. 드래프트에서 수비 선수를 뽑을 때도 좀 더 잘했어야 했고요." 그런 일은 일어나지 않았다. 그들은 그냥 감독을 해고했고 감독에게 모든 책임을 지웠다.

마이크 스미스는 거기 수백만 명이 지켜보는 연단에 홀로 서서 이렇게 말했다. "감독은 접니다. 이기는 것도 지는 것도 제 책임입니다. 제 잘못입니다." 마이크는 단장을 탓하지 않았다. 선수들도, 코치진도 탓하지 않았다. 그 누구도 탓하지 않았다. 마이크는 팰컨스에서의 7년을 포함해 코치로 일하는 내내 해왔던 그대로 했다. 팀과 조직을 우선시했고 그들을 위해 희생했다. 미디어와 팬들은 그를 손가락질할지 몰라도 마이크 밑에서 뛰었던 선수들이나 그를 아는 사람들은 마이크가 언제나 그들을 위해 자신의 전부를 바친다는 것을 알고 있다. 앞으로도 쭉 그럴 것이다. 마이크는 헌신적인 리더이고 언제나 팀을 위해 희생할 것이다.

CARE

7장

진정한 관심을 쏟아라

인간관계는 이기는 팀의 초석이다.
모든 훌륭한 인간관계는 가치와 존중,
사랑, 신뢰, 그리고 관심에 기초한다.

관심도 전략이다

존 고든

월터 아이작슨이 쓴 스티브 잡스의 전기를 보면 잡스가 어릴 때 아버지를 도와 울타리를 만드는 일화가 나온다. 아버지는 잡스에게 울타리를 만들 때면 앞면 못지않게 뒷면에도 관심을 쓰라고 말한다. 아무도 보지 않을 텐데 뒷면이 왜 중요하냐고 묻자, 아버지는 이렇게 말한다. "너는 알 거잖니." 잡스의 아버지는 잡스에게 더 많은 관심을 쏟으라고 가르친 것이었다. 세월이 흘러 잡스가 그 정도의 관심으로 제품을 만들자, 새로 생긴 수백만 명의 고객들은 애플의 제품에 대해 경외와 충성심, 그리고 열정을 나타냈다. 이것은 결코 우연이 아니다. 애플의 대표적 제품을 여럿 디자인한 조너선 아이브^{Jonathan Ive}는 이렇게 말했다. "우리가 제품에 얼마만큼의 관심을 쏟아 부었는지 고객은 느낄 수 있다고 생각합니다." 애플은 그들이 하는 일과 만들고 있는 제품에 깊은 관심을 쏟아 부었고, 그 답례로 고객들은 애플에 관심을 쏟았다.

　나는 관심이 가장 뛰어난 성공 전략의 하나라고 생각한다. 지구상에 존재하는 훌륭한 조직들은 그들이 하는 일과 만드는 제품, 제공하는 서비스에 관심을 기울인다. 운 좋게도 나는 세계에서 가장 성공한 회사들과 협업할 기회가 많았다. 그 과정에서 그들 모두 자신의 관심을 표현하는 나름의 방법이 있다는 사실을 발견했다. (나는 이것을 '관심의 징표'라고 부른다.) 그 덕분에 그 회사들은 경쟁자들 사이에서도 두각을 드러낼 수 있었다. 애플은 74세인 내 아버지도 별 어려움 없이 쓸 수 있을 만큼 쉬운 제품을 만든다. 온라인 쇼핑몰 자포스^{Zappos}는 배송과 반송이 무료다. 신용협동조합 USAA는 회원들의 금융 안정을 위해서라면 아무리 번거롭고 어려운 일도 믿기지 않을 만큼의 정성을 쏟아 도와준다. 슈퍼마켓 퍼블릭스^{Publix}의 직원들은 고객이 물건을 찾지 못하면 정확히 그 물건이 놓인 선반까지 데려다준다. 타이어 체인점 레스 슈워브^{Les Schwab}는 고객이 차에서 내리면 뛰어가서 맞는다. 패스트푸드 체인 칙필레이^{Chick-fil-A}는 '가능합니다' 대신에 '얼마든지요'라고 답한다. 잭슨빌에 있는 로젠블룸즈라는 옷가게에서 피츠라는 친구가 보여주었던 관심을 나는 결코 잊지 못할 것이다. 나는 몇 년 전에 그곳에서 산 양복을 얼마 전에야 비로소 입어보게 되었다. 몸에 잘 맞고 촉감도 좋은 옷이었는데, 연단에 오르기 직전 주머니에 손을 넣었더니 이런 카드가 들어 있었다. "지금 이 순간 뭔가 좋은 일을 하고 계시다면 좋겠

네요." 피츠와 그 옷가게에 그렇게 단골이 많은 것도 놀랄 일이
아니다.

몇 년 전에 나는 집에 목수를 불러야 할 일이 있었다. 경기가
계속 안 좋은데 요즘 사업은 어떠냐고 물었더니 목수는 이렇게
답했다. "눈코 뜰 새 없네요." 그럴 만도 했다. 그 목수는 인근에
서 최고의 목수로 통했다. 일에 관심을 갖고 신경 써서 해준다
고 알려져 있었고, 고객들에게도 관심을 가졌다. 경쟁자들 사이
에서 단연 돋보였으니 수요가 넘칠 수밖에 없었다. 무관심해 보
이는 사람이 너무나 많은 세상에서 여러분이 관심을 쏟는다면
돋보일 수밖에 없다.

더 많은 관심을 가져라

존 고든

작년에 메이저리그 야구팀 피츠버그 파이러츠^{Pittsburgh Pirates}에서 강연을 하면서 나는 선수들한테 이렇게 물어보았다. "여기 계시는 분 중에 지금보다 더 열심히 할 수 있다고 생각하는 분 있나요?" 팀원들 전원이 손을 들었다. 이후 어느 팀에 가서 물어보아도 다들 손을 든다. 그렇다면 이렇게 물을 수밖에 없다. "더 열심히 할 수 있다는 것을 알면서 왜 그렇게 하지 않는가?" 그 답은 이것이다. '더 열심히 하려면 더 관심이 있어야 하기 때문'이다. 더 관심이 있으면 그 대상이나 사람에게 조금 더 많은 시간과 노력, 에너지, 사랑을 쏟을 수 있다. 지금도 충분히 좋은 팀일 수 있지만 그것을 넘어 '훌륭한 팀'이 되려면 더 많은 관심을 가져야 한다. 여러분이 하는 일과 팀에 대한 공헌에 관심을 가져라. 함께 일하는 사람에게 관심을 가져라. 팀의 미션에 관심을 가져라. 내가 이끄는 사람들에게 관심을 가져라. 관심을 갖는 사람은 관심을 끄는 훌륭한 것들을 만들어낸다.

피츠버그 파이러츠의 이야기가 나왔으니 말인데, 파이러츠는 더 많은 관심을 쏟는 조직의 훌륭한 예다. 매출이나 비용, 승패는 측정할 수 있어도 관심의 양을 측정하기는 쉽지 않다. 그럼에도 불구하고 관심을 쏟는 조직은 겪어보면 뭔가 아주 다른 점이 있다는 것을 분명히 알 수 있다. 그런 조직의 회사나 매장, 사무실, 혹은 라커룸을 돌아다녀보면 느낌이 온다. 벽에 씌어 있는 메시지에서도 보이고, 리더와 이야기를 나누거나 그 조직에 속한 사람들을 관찰해 보아도 알 수 있다. 관심을 갖는 팀에 속한 사람들은 생각하고 행동하고 리드하고 봉사하는 방식이 다르다.

내가 피츠버그 파이러츠를 처음 방문한 것은 2013년 트레이닝캠프 때였다. 파이러츠는 직전 해에 94승을 올리고 포스트시즌까지 진출했다. 파이러츠는 1992년 이후 처음으로 위닝 시즌을 만들었는데, 관심을 갖는 문화가 거기에 큰 몫을 담당했다는 것을 알 수 있었다. 돌아다녀보니 시설 곳곳에 '파이러츠 강령'이 게시되어, 파이러츠의 특징과 신념, 가치 그리고 개개인이 파이러츠의 일원으로서 어떻게 생각하고 행동하고 자기 일에 임해야 하는지에 대한 문화적 기대까지 전달하고 있었다.

부단장인 카일 스타크Kyle Stark는 내게 이렇게 얘기했다. 하나의 조직으로서 자신들의 더 큰 목표는 소년을 어른으로, 선수들을 경기장 안팎의 전문가로 만들어서 야구 세상을 바꿔놓는 거라고 말이다. "우리 목표는 세상에서 제일 단단한 팀이 되는 겁니다. 우리는 하루하루 더 나아지는 과정에 집중하려고 합니다." 홈런이니, 승리니, 패배니 하는 얘기는 전혀 없었다. 그저 목표와 과정, 팀워크가 다였다.

피츠버그 파이러츠나 사우스웨스트 항공, 노스웨스턴 뮤추얼Northwestern Mutual 등 많은 훌륭한 회사들이 발견한 사실이 있다. 사람들에게 동기를 부여하는 것은 숫자가 아니라는 것이다. 그런 숫자를 달성하게 해주는 것은 문화와 관심, 그리고 목적이다. 이기고 싶다면 승리에 초점을 맞출 것이 아니라, 그 승리를 만들어내는 문화와 사람, 과정에 초점을 맞춰야 한다. 또한 중요한 것은 벽에 어떤 표지와 메시지를 써 붙이느냐가 아니라, 리더와 관리자들이 그 메시지의 모범을 보이고 팀원들이 그것을 몸소 실천하는 일이라는 것을 카일 스타크와 파이러츠는 잘 알고 있다.

피츠버그 파이러츠는 스프링캠프 동안 매일 리더급 미팅을 실시한다. 이 미팅에서 리더십 코치인 로드 올슨은 마이너리그 코치를 포함한 조직 내 모든 코치들에게 그날의 팁을 공유한다. 파이러츠는 또한 나 같은 외부 강사를 다수 초청해서 리더들을 더 개발하고 그들의 가치를 더욱 강화한다. 문화와 관심, 리더십은 따로 노는 것이 아니라는 것을 잘 알기 때문이다.

2013년 '올해의 감독'으로 뽑혔던 클린트 허들Clint Hurdle 감독을 만나 이야기를 나눠보니, 파이러츠 선수들의 마음과 생각 속에 그들의 문화가 살아 숨 쉬게 된 이유를 알 수 있었다. 허들 감독은 됨됨이가 큰 인물이었을 뿐만 아니라, 그보다 더 큰 서번트 리더의 마음을 갖고 있었다. 스스로가 메이저리그 선수 출신이기도 한 허들 감독은 승자가 되려면 어떤 대가를 치러야 하는지 잘 안다. 하지만 더 중요한 것은 허들 감독이 선수들을 사랑한다는 것을 선수들 자신도 안다는 점이다. 허들 감독은 경기에서 이기고 싶어 하지만, 그가 더 관심을 갖는 것은 선수들이 승자가 되도록 돕는 것이다. 관심을 쏟는 리더가 만든 팀은 팀원들도 관심을 쏟았다. 그리고 다 함께 본인들의 노력에 관심을 쏟았다. 더 좋아지는 것에 관심을 가졌고, 서로에게 관심을 가졌다. 조직에 관심을 가졌고, 본인들의 문화에 관심을 가졌다. 그들은 더 관심을 쏟았기에 더 많은 일을 했다. 팀 문화를 설계한 것은 사무실일지 몰라도, 그 문화가 클럽하우스와 운동장에 살아 숨 쉬게 된 것은 허들 감독이 항상 현장에서 지도하고 관심을 기울인 덕분이었다. 파이러츠가 올해 얼마나 잘 해낼지는 나도 모른다. 부상자가 있을 수도 있고 스포츠의 세계에서는 그냥 운이 없는 날도 있다. 하지만 관심을 기울이는 파이러츠의 문화를 겪어보고 나니, 파이러츠라는 조직에 있는 사람들 모두가 훌륭해지기 위해 할 수 있는 모든 일을 다하리라는 것만은 알겠다. 그리고 그렇다면 훌륭한 결과로 이어질 확률도 꽤나 높을 것이다.

관심의 문화를 만들어라

존 고든

    이기는 팀을 만들려면 관심의 문화를 만드는 것이 필수이다. 관심의 문화를 만들려면 여러분이 먼저 관심을 기울이는 리더가 되어야 한다. 여러분이 관심을 기울이면, 다른 사람들도 관심을 기울이고 싶어질 것이다. 다른 사람들에게 손을 내밀고 그들에게 봉사할 방법을 찾아라. 쪽지를 써라. 전화를 해라. 다른 사람을 위해 내 일을 잠시 멈추어라. 기대치를 넘어서라. 그들이 중요하다는 것을 보여주기 위해 일부러 무언가를 한다면, 사람들도 여러분이 관심이 있다는 것을 알게 된다. 미소 한 번, 격려의 말 한 마디를 건네고, 5분간 짬을 내고, 문제를 해결하고, 직원의 얘기를 들어주고, 친구를 위해 희생하고, 힘들어 하는 팀원을 도와준다면 정말 많은 것이 달라진다. 짬을 내서 상대가 각별한 사람이라는 것을 알려주는 것은 생각보다 훨씬 더 중요한 일이다. 관심을 기울인다는 평을 얻고 그래서 남들의 기대치가 높아지면, 그 기대치보다 더 많은 관심을 기울여라. 관심의 행동 하나하나가 "나는 당신을 사랑하고 당신에게 봉사하기 위해 여기 있다"라고 말하는 것과 같다. 그렇게 되면 더 많은 사랑과 더 많은 성공이 절로 따라올 것이다. 팀원들은 당신과 함께 일하는 것을 좋아할 것이다. 사람들은 파티에서, 모임에서 당신 얘기를 할 것이다. 심지어 누군가는 당신에 관한 책을 쓸지도 모른다. 관심은 팀을 만드는 최고의 전략이다. 사람들은 관심이 어려운 일이라고 생각하지만, 실제로는 다음과 같이 아주 간단하다.

1. 내가 하는 일에 관심을 기울여라.
2. 관심을 기울이는 사람들로 주변을 채워라.
3. 팀원들에게 내가 관심이 있다는 것을 보여줘라.
4. 서로에게 관심을 기울이는 팀을 만들어라.
5. 고객들, 팬들, 학생들, 환자들에게 관심이 있다는 것을 보여줘라.

관심을 전략으로 삼고 관심의 문화를 만들면 단연 돋보이게 되고 지속적인 성공을 만들어낼 수 있다.

관심이 있다는 것을
눈으로 보여줘라

마이크 스미스

존의 얘기에 전적으로 동감한다. 이기는 팀을 만들고 싶다면 내가 관심이 있다는 것을 눈으로 보여줘야 한다. 당연하고 쉬운 소리처럼 들리겠지만, 우리는 관심을 보여주는 일을 너무 자주 잊어버린다. 바쁘고 스트레스 받고 지친 나머지, 짬을 내서 내가 그들에게 관심이 있다는 것을 알리지 않는다. 누군가에게 관심이 있다면 우리는 그들이 중요하다는 것을 보여주고, 그런 느낌을 받게 한다. 팀원들에게 관심이 있다는 사실을 보여주려면 그들과 함께 있을 때 온전히 그들에게 집중하면 된다. 주위를 살피거나 딴 곳을 보지 않는다. 눈을 똑바로 보면서 지금 내 관심은 온통 상대방에게 집중되어 있다는 것을 알려준다. 그들이 하는 일에도, 개인사에도 진심으로 관심을 갖는다. 1대1로 직접 연락하는 것은 관심이 있다는 것을 보여줄 수 있는 가장 효과적인 방법이다. 리더가 매일 이런 소통을 하는 것은 불가능하겠지

라커룸 리더십

만, 시간이 지나고 이런 만남이 쌓이고 쌓이면 팀원들도 여러분이 관심이 있다는 것을 알 수 있다. 여러분이 팀원들에게 관심을 기울이면 그들은 자신의 전부를 내어줄 것이다.

관심을 알게 해주는 가장 좋은 지표는 내가 하는 이야기가 아니라 남들이 하는 이야기다. 당신이 관심을 기울인다고 남들이 말하는가? 당신이 관심을 주는 방식을 저들이 알아보는가? 존은 우리 팀 선수들한테 내가 어떤 식으로 관심을 보여주냐고 물어봤다고 한다. 그랬더니 선수들은 내가 그들의 말을 잘 들어주고, 물리치료실을 찾고, 그들을 위해 일부러 시간을 내주고, 단지 선수로서가 아니라 사람으로서 그들에게 관심을 갖는다고 말했다고 한다. 내가 그들의 뒤를 든든하게 지켜주고, 그들이 최고가 될 수 있게 할 수 있는 일은 뭐든 다 한다는 것을 안다고 했다고 한다. 나는 내가 완벽하다고 생각하지도 않고, 내가 해낸 일을 떠벌리는 것도 좋아하지 않지만, 승패를 떠나서 우리 팀원들이 내가 그들에게 관심이 있다는 것을 안다는 사실만큼은 정말로 자랑스럽다. 나는 결국에 가서 가장 중요한 것은 다른 사람들의 삶에 얼마만큼의 영향을 미쳤는가 하는 점이라고 생각한다. 코치가 되는 것은 엄청난 기회이자 책임이다. 그리고 내 경우 가장 기억에 남는 코치들은 나에게 관심이 있었던 코치들이다.

운 좋게도 내게는 나를 정말로 아껴준 코치와 친구, 가족이 있었다. 이들은 내게 특별한 관심을 기울이며 그들의 경험에서 나온 풍부한 지식들을 전해주었다. 그런 경험들 덕분에 나는 지금과 같은 코치, 지금과 같은 사람이 될 수 있었다. 이들이 아니었다면 나는 결코 NFL 코치가 될 수 없었으리라는 것을 나는 너무나 잘 안다.

고등학교 때 코치 선생님이었던 필 리차트Phil Richart는 내게 관심을 갖는 리더이자 사람이 되는 것이 얼마나 중요한지 일깨워준 여러 멘토 중 한 분이다. 파더로페즈고등학교 3학년 때 나는 시즌 두 번째 경기에서 부상을 당했다. 그것으로 나의 고등학교 선수 생활이 끝나버렸고 대학에서 미식축구를 할 수 있는 기회도 줄어들었다. 내가 얼마나 크게 낙심했을지는 말하지 않아도 알 것이다. 내가 다녔던 고등학교는 미식축구 팀의 규모가 크지 않아서 코치 선생님이 총 6명이었고 그 중 2명은 자원봉사자였다. 나는 항상 코치라는 직업에 관심이 있었는데 그 점은 어릴 때도 마찬가지였다. 우리 아버지는 중학교 코치 선생님이었고 나는 벌써 다섯 살 때부터 선수들이 훈련하는 모습을 보며 컸다. 리차트 코치 선생님은 라인배커 미팅 같은 일부 코치 업무에 나를 끼워주었다. 코치님은 스카우트 출장에도 나를 데려가서 적수가 될 선수들을 지켜보게 해주었고, 운동장에서 선수들과 함께 운동하는 것도 허락했다. 내가 경기장에서 얼마나 기여할 수 있느냐와는 상관없이 리차트 코치님은 내게 관심을 주었다. 내게 처음으로 코치 현장을 경험하게 해주었고, 관심을 갖는 리더가 되는 법을 직접 보여주었다.

리차트 코치님은 2013년 8월 돌아가실 때까지 내가 애틀랜타 팰컨스에서 감독으로 치른 모든 경기가 끝날 때마다 비판이나 격려 혹은 지혜가 담긴 문자 메시지를 보냈다. 나는 언제나 코치님의 문자 메시지를 기다렸다. 코치님이 여전히 내게 관심이 있다는 뜻이었기 때문이다. 관심이 다른 사람에게 얼마나 큰 영향을 미치는지 보여준 사람은 리차트 코치님 외에도 많다. 문자 메시지 얘기가 나왔으니 말인데, 내 어머니는 본인도 항상 관심이 많은 분이었고 내게도 관심을 많이 가지라고 가르쳤다. 뉴올리언스 세인츠와의 경기 4쿼터에 우리는 점수에서 앞서나가고 있었다. 그런데 세인츠가 두 번이나 첫 다운에 벌써 전방 패스를 성공시키면서, 경기 시간 2분이 채 남지 않은 상황에서 분위기는 저쪽으로 넘어가는 듯했다. 우리 팀 우측 코너백인 브렌트 그라임스Brent Grimes가 우리 쪽 15야드 선 안에서 기가 막힌 플레이로 드루 브리스Drew Brees의 패스를 가로챘다. 사실상 게임을 끝내는 플레이였다. 우리가 공격을 시작하면 우리 쿼터백이 주저앉기만 해도 시간이 종료되어버릴 것이기 때문이었다. 브렌트가 그런 플레이를 해내자 우리쪽 코치진과 조지아 돔에 들어찬 팬들이 열광의 도가니에 빠진 것은 말할 것도 없다. 바로 그런 플레이가 끝날 때쯤 나는 후방 심판이 들어 올린 페널티 깃발이 공중에서 휘날리고 있는 것을 보았다. 수비측 패스 방해라는 거였다. 나는 완전히 이성을 잃고 말았다. 순식간에 내 머리에 끼고 있던 모토롤라 헤드셋이 다섯 조각으로 쪼개져 잔디

위를 구르고 있었다. 장비 담당자의 도움을 받아 나는 그것들을 주워서 다시 맞추려고 했고, 그사이 장비 담당 보조는 내게 여분의 헤드셋을 주려고 했다. 약 30초간 어수선한 상황이 연출됐다. 우리는 가까스로 사이드라인에서 벌어지고 있던 상황을 정리하고 세인츠를 엔드존에서 몰아낸 뒤 경기에서 승리할 수 있었다.

게임이 끝나고 팀원들과 이야기를 나눈 후, 늘 그렇듯이 나는 기자 회견실로 가기 전에 홍보담당 부사장 레지 로버츠^{Reggie Roberts}와 경기 종료 미팅을 가졌다. 그런데 그때 전화기에서 메시지 수신을 알리는 불빛이 깜박거렸다. 전화기를 들어보니 어머니의 문자였다. 그전까지 한 번도 내게 문자 메시지를 보낸 적이 없는 어머니였다. 메시지는 '케네스 마이클'로 시작하고 있었다. 어머니가 나를 미들네임까지 붙여서 불렀다는 것은 다음 내용을 충분히 짐작하게 했다. 메시지는 대략 이랬다. '네 아버지와 나는 너를 키우면서 수십만 명 앞에서 그렇게 행동하라고 가르치지 않았다. 네 딸한테나, 7명의 네 형제자매들한테나, 11명의 네 조카들한테 모범적인 모습은 아니었다.' 무슨 말인지 알 것이다. 그렇다. 어머니는 언제까지나 어머니다. 내 나이가 몇인지는 중요하지 않다. 살면서 휴대전화가 발명되지 않았더라면 하고 바란 적은 그때뿐이었다. 하지만 그게 어머니의 관심이었고, 그렇기 때문에 나는 어머니를 사랑한다.

유니폼과 등번호를 넘어

마이크 스미스

　이기는 팀을 만들고 싶다면 모든 팀원을 그들이 하는 일에 따라서가 아니라 있는 그대로 귀하게 여겨야 한다. 팀원들을 유니폼과 등번호 이상으로 보아야 한다. 팀원들을 단순히 화이트보드 위의 X와 O(아군과 적군)로 보거나, 재무제표의 비용 계정으로 보아서는 안 된다. 그들이 연봉을 받는 직업 선수이든, 장학금을 받는 대학생 선수이든, 회사 직원이든, 여러분이 고교 챔피언십을 딸 수 있게 도와주는 사람이든, 그 누구이든 간에, 그 유니폼이나 양복 아래에 있는 것은 여러 어려움과 개인적인 문제를 겪고 고통을 느끼고 상처를 받으며 인간적인 욕망과 필요를 가진 '사람'이라는 점을 항상 잊지 말아야 한다. 얼마나 잘하고 있느냐와는 상관없이 모든 사람은 인정받고, 존중받고, 소중히 여겨지고 싶어 한다. 누구나 관심을 받고 싶다. 그리고 궁극적으로는, 누구나 사랑받고 싶어 한다.

괜찮은 감독들은 전략전술을 잘 알지만, 훌륭한 감독들은 자기 밑에 있는 선수도 잘 안다. 리더라면 팀원들을 잘 알고 그들을 사랑하는 것이 당연히 해야 할 일이다. 이겨야 하고 성공해야 한다는 압박이 아무리 크더라도, 결국 이기고 성공하는 것은 인간관계와 인간적 유대를 통해서라는 점을 항상 기억하라. 팀원들을 알아가라. 그들을 숫자 이상으로 보아라. 그러면 그들도 여러분을 숫자 이상으로 볼 것이다. 여러분에게 충성할 것이고, 여러분을 위해 더 열심히 노력할 것이다. 여러분이 관심을 가지므로 그들은 여러분과 함께 일하고 싶어 할 것이다. 인간관계는 이기는 팀의 초석이다. 모든 훌륭한 인간관계는 가치와 존중, 사랑, 신뢰, 그리고 관심에 기초한다.

라커룸 리더십

거래 vs 변화

마이크 스미스

    리더로서 내려야 할 가장 중요한 결정 중에 하나는 '거래 지향 리더'가 될 것인가, 아니면 '변화 지향 리더'가 될 것인가 하는 점이다. 나는 볼티모어 레이븐스의 부코치로 있을 당시 전직 NFL 선수였던 조 어먼^{Joe Ehrmann}의 강연을 들을 기회가 있었다. 볼티모어 콜츠^{Baltimore Colts}에서 뛰기도 했던 그는 『인사이드아웃 코칭』^{InSideOut Coaching}이라는 책을 냈는데, 그 책을 보면 거래 지향 리더와 변화 지향 리더를 명쾌하게 구분해놓고 있다. 거래 지향 감독은 팀원을 성공과 승리를 도와줄 '숫자'로 본다. 거래 지향 감독은 자신이 성공을 거두고 감독으로서 더 높이 올라가는 데 팀원들이 어떻게 도움이 될까에 초점을 맞춘다. 이런 감독에게 팀원이란 그의 커리어를 키우고 자존심을 살려주기 위해 존재할 뿐이다. 반면에 변화 지향 감독은 팀원 하나하나가 최고의 모습이 되도록 도와주는 '인생의 변화자'가 자신의 역할이라고 생각한다. 변화 지향 리더는 팀원들이 능력과 인성을 키울 수 있게 팀원들에게 봉사하는 것이 자신의 일이라고 생각한다. 변화 지향 리더도 이기고 싶어 하지만, 자신의 가장 중요한 임무는 사람들을 키우고, 팀원들에게 봉사하고, 여러 인생을 변화시키는 것임을 안다. 아이러니컬하게도 변화 지향 리더들이 이런 부분에 집중하면 결국에는 승리도 많이 챙기는 경우가 많다. 거래 지향 감독은 단기적으로는 이길 수 있을지 몰라도 지속가능한 접근법은 아니다. 변화 지향 감독은 '뿌리'에 투자하기 때문에 시간이 지나면 열매가 많이 맺힐 수밖에 없다.

라커룸 리더십

엄한 사랑

존 고든

나도 조 어먼이 쓴 『인사이드아웃 코칭』을 읽었고, 이 책은 나에게 부모로서, 리더로서, 한 사람으로서 변화의 계기가 됐다. 운동선수일 때 나는 성적과 승부에 따라 인정과 칭찬을 받는 경우가 많았다. 그래서 내 정체성은 항상 내 실력과 묶여 있었다. 나는 부모가 된 뒤에도 내 아이들에게 똑같은 짓을 하고 있었다. 나는 아이들의 실력에 연연했다. 어느 운동을 하는 것이 우리 아이가 어른으로 성장하는 데 어떻게 도움이 될지에는 주목하지 못했다. 내가 바뀌고, 내가 '변화 지향 부모'가 되자 모든 게 좋아졌다. 하지만 관심을 기울이고 변화를 추구하는 리더라고 해서 자신이 이끄는 사람들에게 물렁하게 굴거나 도전 정신을 자극하지 않는다는 얘기는 아니다. 오히려 관심이 있기 때문에 최고가 되도록 도전 의식을 자극한다. 사랑하기 때문에 최선이 아닌 차선에 안주하지 못하게 한다. 더 많이 기대하기 때문에 더 많이 해보라고 요구한다.

나는 '엄한 사랑'을 믿는다. 그러나 '사랑'이 먼저여야 한다. 여러분이 팀원들에게 관심이 있다는 것을 그들도 안다면, 여러분이 그들의 한계를 밀어붙이고 최고가 되라고 자극해도 팀원들은 이해할 것이다. 그동안 내가 함께 했던 훌륭한 리더들을 보면 그들은 '엄한 사랑'을 실천한 것이 아니라 '사랑'을 엄한 방식으로 실천했다. 팀원들에게 그만큼 많은 것을 투자했기 때문에 그들의 도전 의식까지 자극해도 되었던 것이고, 팀원들 스스로가 한 번도 가능하다고 생각하지 못한 수준까지 성취하게끔 도와줄 수 있었다. 관심이 있으면 시간을 내서 팀원들과의 관계에 투자할 것이다. 그리고 그렇게 형성된 관계를 통해 팀원들을 격려하고 자극하고 최고의 모습으로 성장시킬 것이다.

'관심의 징표'를 발견하라

존 고든

    앞서 관심도 '전략'이라고 했다. 성공하는 기업들은 그 관심을 보여주는 나름의 방법들이 있고, 나는 그것을 '관심의 징표'라고 부른다고 했다. 이기는 팀을 만드는 훌륭한 리더 역시 관심의 징표를 갖고 있다. 야구 선수 데릭 지터 Derek Jeter 의 선수 인생을 보면, 양키 스타디움의 마지막 타석에서 믿기지 않는 승부타를 날리는 그 모습을 보면, 그가 모든 타석을 마지막 타석이 될 것처럼 대했다는 사실을 알 수 있다. 그렇기 때문에 그의 마지막 타석이 그토록 특별한 것이다. 데릭 지터만큼 열심히 노력하고, 열정적으로 경기하고, 야구 경기의 명예에 관심을 가졌던 사람은 아무도 없다. 그가 보여준 허슬 플레이와 열정, 헌신, 직업윤리는 20년이 넘도록 그의 '관심의 징표'가 됐다.

    데릭 지터가 언제나 1루까지 전력질주하고 모든 타석을 신성한 경험으로 생각했다면, 더그 코넌트는 캠벨 수프의 CEO로 있는 동안 직원들에게 1만 장이 넘는 감사 카드를 쓴 것이 그의 '관심의 징표'였다. 인생을 바꿔놓는 교육자 리타 피어슨^{Rita Pierson}의 관심의 징표는 학생들을 격려하고 신뢰하는 방식에 있었다. 그녀는 TED 강연[16]에서 이 주제를 다루었는데, 역사를 통틀어 내가 가장 좋아하는 연설 중 하나이다. 그녀는 더 이상 이 세상에 없지만 그녀가 남긴 업적과 관심의 징표는 그녀가 가르친 학생들 속에서 아직도 살아 숨 쉬고 있다. 손해보험 대행업체 갤러거 바셋^{Gallagher Bassett}의 CEO 스캇 허드슨^{Scott Hudson}의 관심의 징표는 그가 매주 발행하는 개인 뉴스레터이다. 그는 5000명이 넘는 전 세계 임직원들에게 보내는 이 뉴스레터에 자신이 직장에서, 생활에서 관심을 갖고 있는 사항들을 소개한다. 재미있는 것은 직원들도 종종 개인적인 이야기를 허드슨에게 보내온다는 점이다. 이런 식으로 열린 소통과 관심의 문화는 증진된다. 텍사스 주 프라스퍼 교육자치구의 교육감 드루 왓킨스^{Drew Watkins}는 졸업생 전원에게 한 명 한 명 직접 편지를 쓴다. 교육감이 편지에 쓸 학생들에 대한 정보를 어떻게 얻느냐고 선생님들한테 물어보았더니, 교육감이 학생 모두를 개인적으로 안다고 했다. 그렇다고 해서 드루 왓킨스가 어마어마한 기억력의 소유자라는 얘기는 아니다. 그저 관심이 있기 때문에 학생들을 아는 것뿐이다. 다보 스위니 감독의 관심의 징표는 그가 선수들에게 주입하

---

16. '전파할 가치가 있는 아이디어의 공유'를 목적으로 전 세계적으로 펼쳐지고 있는 강연회. 온라인으로도 볼 수 있다.

는 '믿음'이다. 감독이 자신들을 너무나 믿어주기 때문에 선수들도 스스로를 믿게 된다. UCLA 여자농구팀 감독인 코리 클로스Cori Close는 언젠가 선수 한 명이 입원을 했을 때 입원 기간 내내 선수 곁을 떠나지 않고 지켰다. 클로스 감독의 관심의 징표는 선수들을 가족처럼 대하는 것이다. 오클라호마대학교 여자농구팀 감독인 셰리 코올Sherri Coale이나 네브라스카대학교 소프트볼 감독인 론다 리벨Rhonda Revelle도 마찬가지다. 이들은 선수의 기술뿐만 아니라 인성과 마음가짐을 개발하는 데도 많은 시간과 에너지를 투자한다.

관심의 징표를 이야기하자면 끝도 없다. 훌륭한 기업이나 리더들이 관심을 표현하는 방법에 대해서만 책 한 권을 쓸 수도 있을 것이다. 하지만 그런 책이 나온다고 해도 나는 여러분이 다른 사람의 것을 따라하기를 바라지는 않는다. 여러분 자신에게 맞는 관심의 징표를 만드는 것이 핵심이기 때문이다.

그러니 여러분 자신은 과연 어떤 사람인지, 무엇을 지향하는지 생각해보기 바란다. 여러분이 좋아하는 방식으로 관심을 표현할 방법을 찾아내라. 어떻게 변화를 만들어내고 싶은지 결정하라. 여러분은 무엇으로 알려지고 싶은가? 변화를 만들고 타인에게 봉사하고 싶은 여러분의 미션을 반영하면서도 여러분의 정체성을 표현하고 가치관을 실천할 수 있는 '관심의 징표'를 찾아라. 자기만의 방식으로 관심을 보여준다면 이기는 팀을 만드는 길도 그리 멀지 않을 것이다.

내가 관심을 기울이면
팀원들도 관심을 가진다

마이크 스미스

관심의 좋은 점 중에 하나는 팀원들과 훌륭한 관계를 발전시키는 외에도 전염성이 있다는 것이다. 내가 관심을 기울이면 팀원들도 관심을 가진다. 나는 애틀랜타 팰컨스에 있을 때 이점을 직접 목격한 적이 있다. 지금 팀 승률이 어떻든 간에 팀원들은 우리의 노력과 경기 모습, 승리에 관심을 가졌다. 팀 성적이 8승 4패를 기록하고 있든, 4승 8패를 기록하고 있든, 우리는 언제나 같은 노력을 기울였고 경주를 멈추지 않았다. 언론은 눈치 채지 못했더라도, 팀의 승패에만 집중하는 많은 이들에게는 중요하지 않더라도, 팀원들의 그런 관심이 내게는 중요했다. 그건 아직 우리가 라커룸에서 지지 않았다는 뜻이었기 때문이다. 알다시피, 라커룸에서 이기는 것이 항상 경기장에서 이기는 것을 보장해주지는 않는다. 다른 수많은 것들도 잘 풀려야만 경기를 이길 수 있다. 그냥 일이 생각대로 진행되지 않을 때도 있고,

라커룸 리더십

공이 우리 쪽으로 튀지 않을 때도 있다. 또 감독들이 다들 증언하듯이, 이상하게 뭐든 꼬이기만 하는 시즌도 있다. 하지만 관심을 기울이고 라커룸에서부터 이긴다면 경기장에서 이길 확률 역시 월등히 높아진다는 것이 내 관찰 결과이다. 관심을 가지면 팀원들도 승패에 상관없이 관심을 기울이고 열심히 뛰는 팀을 만들 수 있다. 시간이 지나면 이것은 일관된 노력을 만들어내고, 장기적으로는 결국 성공하게 된다.

COACHING
and
CHARACTER

8장

빼놓을 수 없는 두 가지 법칙

훌륭한 코치는 자신이 훌륭해서
성공하는 것이 아니라 남들의 훌륭함을
이끌어내기 때문에 성공한다.

인성이 부족한 팀으로는 이기는 팀을
만들 수 없다는 것을 깨달아라.

코칭의 마법

7가지 법칙과 함께 분류할 수가 없어서 포함시키지 않은 중요한 항목이 있다. 7가지 법칙을 하나로 묶어주고, 원칙과 생각들을 행동으로 변환시켜 결국에는 이기는 팀을 만들어줄 그 중요한 항목은 바로 '코칭'coaching이다.

요즘은 스포츠나 비즈니스, 헬스케어, 교육 할 것 없이 리더십에 관해 얘기를 많이 한다. 그러면서도 '코칭'의 개념은 무시되는 경우가 많다. 그래서는 안 되는데 말이다. 코칭은 리더가 해야 할 역할의 필수 요소다. 그 어느 때보다 지금의 리더들은 팀원들이 성장하고 더 좋은 리더가 될 수 있게 코칭을 해주어야 한다. '진짜' 리더들은 팔로워follower를 만들지 않는다. 그들은 더 많은 리더를 만들어낸다. 그러기 위해서는 훌륭한 코칭이 필요하다. 〈포천〉지 선정 500대 기업'의 경영진이 되었든, 아니면 스포츠 팀이나 응급실의 의료진, 군대 조직, 학교의 어느 팀이 되었든, 리더라면 자신이 이끄는 사람들의 성장을 이끌고, 그들의 멘토가 되고, 그들을 격려하고 안내해야 한다. 이것은 단지 팀원들만 발전시키는 것이 아니라 리더 자신, 리더와 팀원의 관계, 유대감, 나아가 조직 전체를 발전시킨다.

위로, 아래로 코칭을 통해 문화가 만들어진다. 낙천적이고 긍정적 코칭은 다른 사람에게도 전염된다. 팀원 한 명, 한 명의 멘토가 되어 개별적으로 코칭을 한다면 신뢰를 얻음과 동시에 돈독한 관계가 만들어질 것이다. 일관된 모습을 보여주면 팀원들의 신뢰가 강화된다. 팀원들이 고난과 역경을 잘 이겨내도록 도우면 여러분이 그들의 성장과 발전을 위해 헌신한다는 것을 팀원들도 알게 된다. 관심을 기울이면 최고의 팀이 되기 위해 할 수 있는 일을 다 한 것이다.

당신의 직위와 직책에 관계없이, 남들이 최고의 모습이 되게 코칭하라. 학교의 교장이라면 교사들을 코칭할 시간을 만들어라. 연구에 따르면 교사들이 더 훌륭한 지도자가 될 수 있게 교장이 코칭을 하는 학교는 학생들의 성적도 더 좋다고 한다. 기업의 리더라면 시간을 내서 각 부문의 리더들을 코칭하고, 그들이 다시 부하직원을 코칭하도록 격려하라. CEO가 부문별 리더를 코칭하면 기업 전체의 관계와 참여, 실적이 개선된다. 관리자라면 자신이 관리하는 사람들을 코칭하라. 그들의 비전과 목표가 무엇인지 물어보고, 그 비전과 목표를 이루기 위해 내가 무엇을 도와줄 수 있을지 물어보라. 직원들이 최고의 모습이 되도록 돕는다면 그들도 회사의 성장을 도울 것이다. 비즈니스를 하는 사람이라면 일선의 고객 응대 직원들에게 고객을 코칭하게 하라. 고객을 코칭하고 안내하면, 평생 고객을 얻게 될 것이다.

스포츠계에 종사하는 많은 감독이 비즈니스 리더십 서적을 읽는다. 하지만 비즈니스나 교육계, 비영리단체의 리더들도 스포츠계로부터 코칭에 관해 많은 것을 배울 수 있다. 빌리 그레이엄Billy Graham은 코치 생활 1년이면 대부분의 사람이 한 평생 하는 것보다 더 많은 사람에게 영향을 미친다고 했다. 믿지 못하겠다면, 직접 주변 사람들에게 한번 물어보라. 평생 얼마나 많은 사람에게 영향을 주었냐고 말이다. 선생님이나 코치는 가족 같은 대접을 받지만, 이런 말은 들어보기 힘들다. "과장님이 내 삶을 변화시켰어." "우리 CEO가 내 인생을 바꿔놨어." "우리 병원 원장님이 내 인생을 달라지게 했어." 그럴 이유가 없다. 스포츠계의 훌륭한 코치들처럼 다른 사람에게 투자하고 그들을 코칭하라. 믿기지 않을 만큼 큰 영향을 미치게 될 것이다. 훌륭한 코치는 자신이 훌륭해서 성공하는 것이 아니라 남들의 훌륭함을 이끌어내기 때문에 성공한다. 이 책에서 얘기한 7가지 법칙을 활용해 훌륭한 코치가 되라. 오늘부터 당장 코칭을 시작하라.

인성의 중요성

    이 항목은 이야기하지 않을까도 생각했다. 훌륭한 팀을 만드는 데 인성이 얼마나 중요한지는 모두가 알 거라고 생각했기 때문이다. 세계 최고의 코치라고 한들, 팀원들의 인성이 부족하다면 능력을 발휘할 수 없을 것이다. 그런데도 수많은 코치와 리더들이 팀을 만들 때 인성보다는 재능에 집중한다. 그래서 이 이야기도 하지 않을 수 없었다. '인성'이 결여되면 팀이 성공하도록 지도할 수도 없고, 훌륭한 문화도 만들 수 없으며, 다른 법칙들도 제대로 효과를 발휘할 수 없다.

    우리는 스포츠나 비즈니스 영역에서 이런 일을 수도 없이 본다. 재능은 있지만 인성에 문제가 있는 사람이 한 순간 판단을 그르치는 바람에 팀 전체, 조직 전체에 영향을 주는 경우 말이다. 그렇기 때문에 팀을 만들 때는 재능과 인성을 모두 다 고려해야 한다. 재능에 만족하지 마라. 인성이 없는 재능은 운전

대가 없는 레이싱 자동차와 같다. 겉보기에 근사하고 속도는 빠를지 몰라도, 방향을 인도해줄 장치가 없다면 사고 날 확률이 아주 높다. 재능만으로는 충분하지 않다. 재능은 영원하지 않다. 재능으로 갈 수 있는 데는 한계가 있다. 인성이 없는 재능은 또한 연료가 떨어진 값비싼 자동차와 같다. 동력을 제공할 연료가 없는 자동차는 있어봤자 무용지물이다. 재능을 위대함으로 끌어올리는 것은 인성이다. 팀원들이 겸손하고, 목마르고, 열심히 노력하고, 정직하고, 몰두하고, 희생하고, 충성하고, 열정적이고, 책임감 있는 사람들이라면 자기 재능을 개발하고 자기 자신이나 팀에 도움이 될 올바른 결정을 내릴 것이다. 인성은 팀원들을 최고의 모습으로 이끄는 원동력이며 남들 안의 최고의 것들을 끄집어내준다.

그런 점에서 존 우든 감독과 마이크 셔셰프스키(K 코치) 감독은 훌륭한 모범이다. 그들은 재능이 있으면서도 '인성이 훌륭한' 사람들로 팀을 구성했다. 바로 그렇게 이기는 전략을 채용했기 때문에 두 사람은 그렇게 오래 성공을 유지할 수 있었다. 두 사람은 인성이 훌륭한 선수들이 바로 이기는 팀과 이기는 문화의 근간이 되는 '벽돌'이고, 그 벽돌들을 끈끈하게 뭉쳐주는 시멘트 역할을 하는 것이 소통과 관계, 헌신, 관심이라는 것을 알고 있었다. 두 사람은 팀 문화를 만드는 데 필요한 인성이 무엇인지 알고 있었고, 역으로 그런 인성을 만들고 발전시키는 문화를 만들었다. 바로 이 부분이 중요하다. 두 사람은 재능과 인성을 겸비한 선수들만 뽑았지만, 그렇게 뽑은 선수들의 인성을 개발하는 리더이기도 했다. 두 사람은 선수들이 완성작이라고 생각하지 않았다. 두 사람은 재능뿐만 아니라 인성을 개발하는 것도 자신들의 역할이라고 보았다.

지금 팀원들 중에는 인성이 좀 모자라는 사람도 있는데 어떻게 해야 하나 고민이 된다면, 우든 감독과 K 코치의 방법을 따라 그 팀원들의 인성 개발을 최우선사항으로 삼으면 된다. 이 글을 읽고 있는 여러분이 고등학교 팀의 코치라면 인성이 훌륭한 학생만 선발하겠다는 것은 사치일 것이다. 하지만 여러분은 그 학생들의 인성을 개발해서 그들의 인생에 심대한 영향을 미칠 수 있는 커다란 기회를 가졌다. K 코치가 뽑고 싶을 만한 사람이 되게끔 그들의 인성을 개발해줄 수 있는 것이다. 훌륭한 인성을 지닌 사람이 될 수 있는 기회는 모든 사람에게 주어져야 한다고 생각한다. 인성을 개발하기 위해 할 수 있는 일은 뭐든 다 하라. 그것을 교과 과정의 일부로 만들어라. 코칭을 활용해 인성을 개발하라. 인성을 개발하도록 코칭하라. 그러나 이 점만큼은 기억해야 한다. 개선할 의지가 없고 스스로와 팀에게 해가 되는 결정을 계속해서 내리는 사람이라면 방출 외에는 답이 없다. 폭주하는 사람이 있다면 그가 다른 팀원들까지 해치지는 못하게 하라. 하지만 처음부터 그런 폭주를 막기 위해 할 수 있는 일을 다 하라. 그리고 팀에서 내보냈다고 해서 그 사람들을 계속 도울 수 없는 것은 아니다. 우리는 여전히 그들이 잠재된 최고의 모습으로 성장하도록 도울 수 있다. 훌륭한 팀을 만들 때만 좋은 인성이 필요하지는 않다. 더 중요한 것은, 좋은 인성은 훌륭한 사람들을 만들어낼 때 가장 필요하다는 사실이다.

- 부록1 -

7가지 법칙을 넘어서

지금까지 살펴본 7가지 법칙 외에도 이기는 팀을 만드는 데 중요한 사항들이 몇 가지 있다. 어떤 부분에 초점을 맞춰야 할지 핵심적인 것들만 추려보았다.

도덕성

2014년에 나는 코넬대학교 명예의 전당 헌액 기념 만찬에 참석했다가, 크로스컨트리 챔피언 데이비드 에켈[David Eckel]의 이야기를 듣게 됐다. 1955년 가을 뉴욕시 밴코틀랜트 파크에서 열린 헵타고널 챔피언십[Heptagonal Championship] 때 있었던 일이었다. 경기 내내 데이비드는 선두를 달렸고, 같은 코넬대학교 팀메이트인 마이클 미들러[Michael Midler]가 바로 뒤에서 2등으로, 그리고 두

이기는 팀을 만드는 7가지 법칙과
그 원동력이 되는 2가지 요소

사람으로부터 50여 미터 뒤에는 다트머스대학교의 더그 브루 ^Doug Brew 가 따라오고 있었다. 결승선을 1.6킬로미터쯤 남겨놓았을 때 데이비드와 마이클이 길을 잘못 들어서 결승선과 동떨어진 곳을 향하게 되었다. 두 사람이 잘못된 방향으로 들어서는 것을 본 더그가 소리를 질렀다. "그쪽이 아냐! 저쪽이야! 너희 둘 다 잘못 가고 있어!" 데이비드와 마이클은 얼른 되돌아와서 1등, 2

등으로 경기를 마쳤고 더그 브루는 3등으로 들어왔다. 그 해에 코넬대학교는 개인전, 단체전 모두 우승을 차지했다. 더그 브루의 도덕성이 아니었다면 그런 일은 없었을 것이다. 데이비드와 더그는 지금도 서로 연락을 주고받는데, 더그는 전혀 후회하지 않는다고 한다. 더그는 그게 옳은 일이라고 느꼈고 자신이 길을 잘못 들어섰더라도 데이비드와 마이클이 똑같이 했을 거라고 생각했다. 데이비드가 더그의 이야기를 꺼낸 이유는 경쟁자였던 더그의 도덕성과 그의 도움이 없었더라면 자신이 명예의 전당에 입성하는 일은 없었을 수도 있기 때문이었다.

더그 브루는 얼마든지 경쟁자들이 잘못된 길로 가게 내버려두고 스스로 챔피언이 될 수도 있었다. 하지만 그는 그렇게 하지 않고 '도덕성의 챔피언'이 됐다. 60년이 지났지만 사람들은 아직도 이 이야기를 한다. 최고의 도덕성을 가졌다고 해서 언제나 이길 수는 없을지도 모른다. 그러나 항상 옳은 일을 하게 될 것이다. 팀을 이끌 때는 이렇게 자문해보아야 한다. "나는 지금 이 팀을 만들면서 단기적으로 전망하는가, 장기적으로 전망하는가? 나는 즉각적인 만족을 원하는가, 지속 가능한 성공을 원하는가? 나는 내 원칙을 어기고 윤리관을 훼손할 것인가, 아니면 도덕적인 리더가 될 것인가?" 세속적으로 성공할 수는 있으나 그 과정에서 영혼을 잃어야 하는 결정을 내리게 만드는 유혹은 많다. 오늘 이길 수 있을지는 몰라도 결국에는 질 것이다. 언제나 기억하라. 도덕성을 가지고 사람들을 리드하면 어마어마한 힘이 생긴다. 당장 올해, 내년에는 보이지 않을지 몰라도 시간이 지나면 그 힘은 강력한 결과로 이어질 것이다. 이기는 팀을 만드는 길은 하나밖에 없다. '옳은 길'이 그것이다. 선을 넘지 마라. 도덕적인 리더가 되라. 옳은 일을 하라. 그렇게 한 것을 다행이라 여기게 될 것이다.

감정적 리더가 아닌 열정적 리더가 되어라

마이크 스미스

열정과 감정 사이에는 차이가 있다는 것을 알아야 한다. 둘 사이의 차이는 '열정'에는 어떤 것에 대한 '신념'이 들어 있고, 감정에는 어떤 것에 대한 '기분'이 들어 있다는 점이다. 기분에 따르는 것이 아니라, 신념과 원칙에 기초한 결정을 내리는 '열정적인 리더'가 되라. 언제나 옳은 일을 하고 있다고 느낄 수는 없겠지만, 신념과 원칙에 기초해서 산다면 해야 될 일을 하는 사람이 될 것이다. 누구나 가끔은 열심히 노력하기 싫을 때도 있다. 하지만 성장과 발전을 믿는다면 그 믿음이 여러분을 움직여줄 것이다. 무언가에 대한 신념이 있다면 그 신념을 형성하기까지 거쳐 간 과정이 있다. 어떤 것에 대한 열정이 있다면 그것을 숙달하게 되고, 열심히 연구하고 고민한 후에야 결정을 내리게 된다. 반면에 감정은 자주 우리를 비논리적으로 행동하게 만든다. 감정적인 결정은 보통 고민해보지도 않고, 순간적으로 직감에 의존해서 내리는 결정으로, 형편없는 결과로 이어진다. 감정은 통제하기가 쉽지 않다. 감정은 보통 이기적이고 비논리적이며 리더십을 약화시킨다. 반면에 열정은 훌륭한 리더가 되고 이기는 팀을 만들게 이끌어주는 원동력이다.

나만의 리더십 스타일을 만들어라

마이크 스미스

우리가 스포츠계에서 자주 보았던 장면이 있다. 아주 성공한 팀의 각광받던 부코치가 다른 팀으로 스카우트된 후 처참하게 실패하는 경우다. 스포츠에서도, 비즈니스에서도 이런 일은 꽤 자주 일어난다. 이렇게 실패하는 이유는 새로운 팀이나 조직에 들어간 리더가 자신의 진정한 모습 대신 이전 조직의 감독이나 CEO의 리더십 스타일을 그대로 흉내 내려고 하기 때문이다. 그들은 하나부터 열까지 똑같이 하면, 똑같은 성공을 거둘거라고 믿는다. 하지만 그렇게 했다가 폭삭 망하는 경우를 우리는 수도 없이 보았다. 전에 있던 팀이 그렇게 했다고 해서, 혹은 다른 누군가가 그렇게 했다는 이유로 현재의 팀이나 조직의 의사 결정을 내린다면 진정한 리더가 되기 어렵다. 리더십은 그런 게 아니다. 세상에 똑같은 팀이나 조직은 단 하나도 없다. 팀이나 조직마다 리더십 구조와 조직 문화는 모두 다르고, 리더라면 그때그때 상황에 맞게 대처해야 한다. 리더는 언제나 그래왔던 자신의 모습 그대로, 해당 분야에서 일하며 쌓아온 그간의 모든 경험을 녹여서, 자신만의 리더십 스타일을 만들어야 한다. 어느 리더에게는 효과가 있었던 방법이 나한테는 효과가 없을 수도 있다. 이 사람은 터프해도 호감인데, 저 사람은 터프하면서 완전 비호감일 수도 있다. 어떤 사람들이 특정한 방식의 리더십을 사용하는 것은 그가 겪었던 경험과 거두었던 성공, 그리고 그 과정에서 쌓은 존경을 바탕으로 한 것일지 모른다. 그런데 똑같은 경험을 한 적도 없으면서 그들처럼 리드하려고 한다면 나한테는 효과가 없을 것이다.

애틀랜타 팰컨스의 감독이 되고 나서, 나는 내가 함께 일하고 존경했던 여러 훌륭한 리더들의 생각과 루틴, 원칙을 빌려왔지만, 전체적인 구조와 접근법은 내 리더십 스타일과 개성에 맞게 만들었다. 그동안 많은 경험을 하면서 배운 교훈들을 내 것으로 만들었다. 여러분도 여러분 자신의 모습으로 가야 한다. 다른 사람이 될 수는 없다. 자신의 모습에 맞는 리더십 스타일을 만든다면, 이기는 팀을 만들 확률은 훨씬 더 높아질 것이다.

거시적, 미시적 리더십

존 고든

거시적 리더십은 조직 문화와 비전, 전략 그리고 조직 수준에서 리드하는 능력을 말한다. 미시적 리더십은 팀과 개인 수준에서 리드하는 능력을 말한다. 거시적 리더십과 미시적 리더십은 서로 다른 기술을 요한다. 나는 육군사관학교를 방문했을 때 사관생도들은 대부분 졸업 후에 미시적 리더십보다는 거시적 리더십의 기술에 능하다는 것을 알게 됐다. 민간의 많은 리더와 관리자들처럼 사관생도들도 미시적 수준에서 코칭하고 리드하고 팀을 만드는 법을 배워야 한다. 자신의 리더십에 관해 생각할 때는 거시적 수준과 미시적 수준을 모두 고려하는 것이 도움이 된다. 특히 그 어느 때보다 요즘에는 이기는 팀과 조직을 만드는 데 미시적 리더십이 필수이다.

리더들을 리드하라

존 고든

이 책을 읽는 사람들이 모두 감독이나 CEO, 사장은 아닐 것이다. 조직도의 맨 꼭대기에 있지는 않지만 리더가 팀을 리드하는 일을 도와주는 위치에 있는 사람도 많다. 나도 마찬가지다. 심지어 나는 집에서도 2인자다. 그러나 조직 내에서 어떤 역할을 하든, 자기 자리에서 리드하며 리더들이 최고의 모습이 되도록 도울 수는 있다. 예컨대 육군사관학교를 졸업한 사관생도는 장교로 임명되어 소대를 이끌게 될 것이다. 그들은 하사관의 조언에 귀를 기울이라는 얘기를 듣는다. 하사관들은 미시적 리더십(코칭)의 전문가인 경우가 많다. 어느 장교에게 들은 이야기다. 그가 소대에 도착했는데 하사관이 보이지 않는 곳에서 그를 코칭하며 리더십에 관해 조언을 해주었다고 한다. 그 덕분에 소대가 크게 바뀌었다고 했다. 나는 그 하사관이 참 대단하다고 생각한다. 장교의 직함은 없지만 자신의 리더를 코칭하며 큰 영향을 끼쳤기 때문이다. 리더십은 직함이나 계급, 직위에 관계없이 내가 있는 그 자리에서 리드하며 주변 사람에게 영향을 끼치는 부분이 크다.

나와도 친한 브렌던 서^{Brendan Suhr}는 디트로이트 피스톤스^{Detroit Pistons}의 NBA 우승을 이끌었고 최초의 미국 올림픽 드림팀 감독이었던 척 데일리^{Chuck Daly}의 부코치였다. 아무도 브렌던을 리더라고 생각하지 않았지만, 그는 위로는 리더를 코칭하고 아래로는 팀원들을 코칭했다. 브렌던 덕분에 리더도, 팀원들도 좋은 결실을 볼 수 있었다. 브렌던을 아는 사람들은 모두 그가 리더를 리드하는 역할에 평생을 바쳤다는 것을 안다. 그의 직함은 부코치였지만 그의 리더십이나 영향력만큼은 결코 부차적이지 않았다. 브렌던은 제안 하나, 질문 한 번, 이야기 하나, 책 추천 하나, 그리고 배후에서 하는 조언 하나가 정말로 큰 차이를 만들 수 있다고 했다. 지금까지도 브렌던은 코치들의 코치이다. 그는 코칭 클리닉인 코칭유라이브^{Coaching U. Live}를 이끌며 리더들이 더 좋은 리더가 되도록 돕고 있다. 그는 리더가 도움을 받아서 더 강해지면 팀도 더 훌륭해진다고 믿는다. 이기는 팀을 만들고 싶다면 리더를 리드해서 성장시켜야 할 때도 있다.

과정에 초점을 맞춰라

존 고든

하루아침의 성공이 만들어지려면 얼마나 걸리느냐고 물어보면 나는 '최소한 10년'이라고 답한다. '하루아침의 성공'은 없다. 성공에는 시간이 걸린다. 이기는 팀이나 조직을 만들려면 끈기와 인내가 필요하다. 스타벅스의 매장 수가 5개 되는데 13년이 걸렸다는 점을 생각해보라. 월마트를 세운 샘 월튼Sam Walton은 회사를 세우고 7년 후에야 2호점을 열었다. 동화 작가 닥터 수스Dr. Seuss는 첫 번째 책이 27군데의 출판사에서 거절당하자 원고를 불태워버리고 싶었다. (그러지 않은 것이 얼마나 다행인가?) UCLA의 존 우든 감독은 챔피언십에서 우승하기까지 20년에 가까운 세월을 보냈다. 존 R. 우든 코스woodencourse.com의 위클리 뉴스레터를 보면 "우든의 지혜"라는 글에서 크레이그 임펠먼Craig Impelman은 다음과 같이 쓰고 있다.

1963년 3월 15일. 유타 주 프로보. NCAA(미국대학체육협회) 서부지구 토너먼트에서 애리조나주립대학이 UCLA를 93 대 79로 무찔렀다... 최종 점수만 놓고 보면 경기가 그런대로 접전이었던 것 같지만 실은 그렇지 않았다. 전반 종료 시 애리조나주립대학은 62 대 31로 경기를 리드하고 있었다. 이번 시즌은 우든 감독이 UCLA에서 맞은 열일곱 번째 시즌으로, 그가 NCAA 토너먼트에 진출한 것은 이번이 다섯 번째다. 토너먼트에서 우든 감독은 3승 9패라는 쓰라린 성적을 거두고 있다. 하지만 이번 게임만큼은 뭔가 달랐다. 우든 감독이 수비에 새로운 변화를 꾀했기 때문이다. 그는 슈팅을 더 빨리 할 수밖에 없도록 고안된 '풀코트 2-2-1 지역 수비'를 도입했다. 이 작전은 애리조나주립대학과의 경기에 완벽하게 먹혀들었다. 선데블스는 계속해서 슈팅 시점을 앞당길 수밖에 없었다. 그러나 UCLA에게는 불운하게도 애리조나주립대학의 슈팅은 백발백중이었다. 하지만 우든 감독은 자신이 지켜본 광경에 만족했다. 그는 최종 점수 때문에 낙담하지도 않았고, 다음과 같은 자신의 철학을 의심하지도 않았다. "성공은 마음의 평화이고, 마음의 평화는 할 수 있는 최선을 다했다는 것을 알 때 자기만족에서 오는 것이다." 자신의 생각을 좀 더 자세히 전하기 위해 우든 감독은 이런 성공 철학이 전반적인 코칭 과정에 어떻게 적용되는지 몇 가지 설명을 덧붙였다.

"제 생각에는 수업 시간에 받은 성적만으로 학생의 성공을 제대로 판단할 수 없듯이, 점수만으로 스포츠 행사의 성공을 판단할 수는 없습니다. 점수가 승자를 결정할지는 몰라도, 반드시 성공 여부를 결정하는 것은 아닙니다."

"진실은 본인밖에 모르겠지만, 정말로 최선을 다했다면 성공한 것입니다. 만족스럽든, 불만족스럽든 실제 점수는 그렇게 중요한 게 아닙니다."

우든 감독은 비록 애리조나주립대학이 빠르게 압박을 풀고 슈팅을 기가 막히게 잘하긴 했지만, 압박 수비가 가져온 영향에 대해서는 만족한다고 했다. 우든 감독은 오늘은 애리조나주립대학의 슈팅이 특별히 좋았던 날이고, 그 부분은 자신이 어떤 수비법을 썼다고 해도 마찬가지였을 것이라고 보았다. 비록 점수는 자신의 팀에게 불리하게 끝났지만, 우든 감독은 2-2-1 압박 수비가 게임 속도를 높인 것에 대해서는 매우 만족했다. 그는 이 날의 패배에도 불구하고 2-2-1 압박 수비를 계속 사용할 것이고, 내년에도 주된 수비 전략으로 사용하기로 했다. 1965년 3월 20일 뉴욕시, 고교 리그 최고의 선수인 루이 앨신더^{Lewis Alcindor} (나중에는 카림 압둘 자바^{Kareem Abdul Jabbar}로 알려지게 된다.)는 텔레비전에서 UCLA가 지금은 유명해진, 경기 속도를 빠르게 해주는 2-2-1 압박수비로 미시건대학교를 91 대 80으로 꺾고 전국챔피언십 2연승을 차지하는 모습을 보았다. 앨신더는 자신이 뛰고 싶은 학교가 어쩌면 UCLA일지도 모르겠다고 생각했다. UCLA의 압박과 빠른 돌파 스타일이 마음에 들었기 때문이다. 1975년 3월 31일 캘리포니아 주 샌디에이고, UCLA가 켄터키대학교를 92대 85로 꺾고 존 우든 감독에게 12시즌 동안 열 번째 전국챔피언십 우승을 안겼다. 1963년 애리조나주립대학에 패한 이래 우든 감독은 NCAA 토너먼트에서 44승 1패를 기록하고 있다. 여기에는 전국챔피언십 7연승과 토너먼트 38연승이 포함되며, 거기에는 2-2-1 압박 수비가 핵심적 역할을 했다. 개인이나 팀, 혹은 기업은 패배에 마주칠 경우 최종 점수가 만족스럽지 않다는 이유만으로 전략을 바꾸고 새로운 것을 시도하려고 한다. 새롭게 배운 교훈들을 큰 그림에서 어떻게 적용할 수 있을지, 혹은 게임 전체가 어떤 함의를 갖고 있을지 살피기보다는 서둘러 뭔가 다른 것에 매달리려고 한다. 점수판에서 다른 결과를 보고 싶은 마음이 너무나 크기 때문이다. 이런 사람들은 소위 '이달의 아이디어상' 수상자감이라는 얘기를 듣는다. 존 우든 감독이 '성공'의 정의를 남다르게 생각한 덕분에 '이달의 아이디어'를 생각해내지 않은 것은 UCLA의 팬들로서는 참으로 다행한 일이다.

존 우든 감독은 결과가 아닌 과정에 초점을 맞췄다. 사실 그는 한 번도 승리에 초점을 맞춘 적이 없었다. 그는 팀 문화와 과정, 원칙, 사람, 그리고 승리를 만들어낼 '팀'을 만드는 데 초점을 맞췄다. 그리고 그 결과로 많은 승리를 챙길 수 있었다. 분명히 시간은 걸렸지만, 그의 원칙과 프로세스는 믿기지 않을 만큼 지속적인 성공으로 가는 길을 닦았다.

과거는 잊어라, 기본에 충실하라

존 고든

과거의 실패가 미래의 실패를 결정하지는 않는다. 과거의 성공이 미래의 성공을 결정하지도 않는다. 미래의 성공을 결정하는 것은 '오늘 내가 무엇을 하는가'이다. 이기는 팀을 만들고 싶다면 선수들이나 스태프가 과거의 결과는 싹 잊어버리고, 더 좋아지기 위해서 했던 사소한 것들은 모두 다 기억하게 해야 한다. 내 친구 제임스 클리어^{James Clear}는 자신의 블로그 제임스클리어닷컴^{JamesClear.com}에 빈스 롬바르디^{Vince Lombardi} 감독과 그린베이 패커스^{Green Bay Packers}에 관해 다음과 같이 멋진 글을 썼다.

1961년 7월이었다. 그린베이 패커스 미식축구 팀의 38명의 선수들은 트레이닝캠프 첫날 한 자리에 모여 있었다. 지난 시즌은 가슴 아픈 패배로 끝났다. 패커스는 4쿼터 후반 역전을 허용하면서 필라델피아 이글스에 NFL 챔피언십을 헌납해야 했다. 그린베이 선수들은 오프시즌 내내 이 뼈저린 패배를 곱씹었다. 이제 드디어 트레이팅캠프가 시작되었고 다시 훈련에 돌입할 때였다. 선수들은 경기를 한 단계 높은 수준으로 끌어올려, 챔피언십 우승을 도와줄 세부적인 것들을 훈련하고 싶은 마음이 굴뚝같았다. 그러나 빈스 롬바르디 감독의 생각은 좀 달랐다. 베스트셀러『긍지가 아직 중요했던 시절, 빈스 롬바르디의 생애^{When Pride Still Mattered: A Life Of Vince Lombardi}』

라커룸 리더십

에서 저자 데이비드 매러니스^{David Maraniss}는 1961년 여름 롬바르디 감독이 트레이닝캠프장에 들어섰을 때 어떤 일이 벌어졌는지 설명하고 있다. 롬바르디 감독은 아무것도 당연하게 받아들이지 않았다. 그는 늘 그랬듯이 선수들이 작년의 기억은 하나도 없는 백지상태라고 가정하고, 맨 처음부터 다시 시작했다. 그는 가장 기초적인 얘기부터 시작했다. 그는 오른손에 공을 하나 들고 이렇게 말했다. "여러분, 이게 미식축구 공입니다." 롬바르디 감독 앞에 있는 수십 명의 사람들은 불과 몇 달 전, 몇 분만 더 버텼다면 이 종목 최고의 상을 탈 수도 있었던 프로 선수들이었다. 그런데도 롬바르디 감독은 완전히 처음부터 시작했다. 차근차근 하나도 빼놓지 않고 기본을 짚고 넘어가는 롬바르디 감독의 방식은 트레이닝캠프 내내 계속되었다. 각 선수들은 블로킹과 태클하는 법부터 복습했다. 작전 지시서를 펼치고 1쪽부터 시작했다. 한 번은 패커스의 올스타 출신 와이드리시버인 맥스 맥기^{Max McGee}가 이런 농담을 했다. "음, 감독님, 조금만 천천히 해주실 수 있을까요. 너무 빨라서 따라가기가 힘들어요." 롬바르디 감독은 미소를 지었다고 한다. 하지만 기본에 대한 그의 집착은 여전히 계속됐다. 다른 사람들은 모두 당연하게 생각하는 과제에 대해 롬바르디 감독의 선수들은 리그 최고가 될 수밖에 없었다. 6개월 후 그린베이 패커스는 뉴욕 자이언츠^{New York Giants}를 37 대 0으로 꺾고 슈퍼볼에서 우승했다. 1961년

NFL 챔피언십에서 우승한 후 선수들은 롬바르디 감독을 떠메고 운동장을 나갔다. 1961년 시즌은 역사상 가장 위대한 미식축구 감독 빈스 롬바르디의 치세가 시작되는 것을 알리는 서막이었다. 이후 롬바르디 감독은 단 한 번도 플레이오프에서 진 적이 없다. 롬바르디 감독은 7년간 총 5번의 NFL 챔피언십을 차지했고 그 중에는 3년 연속 우승도 있다. 그가 감독으로 있었던 팀 중에서 시즌 승보다 패가 많았던 팀은 단 하나도 없다.

과거는 지난 것이다. 새로운 해는 새로운 시작이다. 과정에 집중하고, 기본을 개발하고, 이기는 팀을 만들어라.

패배란 배움의 기회다, 꿋꿋이 견뎌라

마이크 스미스

리더라면 팀원들에게 제대로 된 시각을 제공하는 것이 중요하다. 특히나 팀이 패배한 후라면 말이다. 훌륭한 팀들은 모두 긴 여정 중 언젠가는 패배를 경험할 것이다. 매년 챔피언십에서 우승하는 팀은 단 한 팀뿐이다. 이 책을 쓰기 전에 나는 애틀랜타 팰컨스에서 일곱 시즌을 보냈다. 처음 다섯 시즌 동안 나는 많은 승리를 거뒀다. 마지막 두 시즌에서는 내가 패배했다고 말할 사람도 있겠지만 나는 그게 패배라고 생각하지 않는다. 나는 아주 많은 것을 배웠고, 앞으로 내가 무엇을 하기로 마음먹든 더 현명하고 강하고 나은 사람이 될 거라는 것을 안다. 더 많은 사람들이 나의 승리와 패배에서 무언가를 배울 것이다. 나는 이런 마음가짐과 이런 신념을 내 팀원들과도 공유했다. 우리 팀은 경기에서 패했을 때 그 이유를 분석하고 개선할 방법을 찾았다. 모든 패배는 배움의 기회였으며 앞으로 나아가기 위해서는 꿋꿋이 견디고 긍정적 마음가짐을 유지해야 했다. 장애물과 역경, 패배와 만났을 때 어떻게 대처하는가를 결정하는 것은 팀원들의 태도와 신념이다. 그러니 처음부터 공격전략, 수비전략 못지않게 팀원들의 신념을 견고히 하는 데 많은 시간을 들여라. 고난이 닥쳤을 때 헤치고 나아가 승리를 쟁취하게 해주는 것은 다름 아닌 여러분의 신념이다.

문화 오염

존 고든

문화를 바꾸기까지 시간이 얼마나 걸리느냐고 묻는 리더들이 종종 있다. 그러면 나는 팀원들이 모두 한 방향을 바라보고 있을수록 시간이 적게 걸린다고 답한다. 모든 팀원들이 여러분의 비전과 목표, 신념 체계에 깊이 공감한다면 문화는 아주 빠르게 바뀔 수도 있다. 반면에 팀원들 중에 에너지 귀신이 있다면 그 과정은 좀 더 오래 걸릴 테고, 그들이 변화하거나 떠나기 전에는 문화를 완전히 바꿔놓을 수 없을 것이다. 팀 내에 있는 에너지 귀신들을 변화시키거나 제거하는 속도가 빠를수록 팀 문화를 변화시키는 속도도 빨라질 것이다. 구문화에 젖은 사람들이 여러분의 신문화를 계속해서 오염시키도록 내버려둔다면 팀을 변화시키고 다지는 데 더 많은 시간이 걸릴 것이다. 이기는 팀을 만들고 싶다면 모든 사람이 전력투구하도록 해야 하고 구문화에 젖은 부정적인 사람들이 여러분의 새로운 사고방식에 영향을 주지 못하게 해야 한다. 부정적인 베테랑들이 긍정적인 루키들을 오염시키도록 내버려두어서는 결코 안 된다. 나는 미국에서 가장 빠르게 성장하고 있는 기술인력 공급회사인 인사이트 글로벌Insight Global과 함께 일할 기회가 있었는데 그들은 회사 밖의 외부인들은 채용하지 않으려고 했다. 인사이트 글로벌의 성공에는 그들의 문화가 결정적인 열쇠였다. 그래서 그들은 자신들의 문화를 오염시키는 부정적 에너지를 가져올지도 모를 새로운 직원은 원하지 않았던 것이다. 인사이트 글로벌은 이제 막 대학교를 졸업한 사람들 중에서 자신들의 문화에 맞는 사람을 채용한 후 내부적으로 그들을 키우고 승진시켰다. 인사이트 글로벌이 그동안 거둔 성공을 보면 그들의 방식이 틀렸다고 말하기는 쉽지 않다.

챔피언십 우승에 집중하지 말고, 챔피언을 키우는 데 집중하라

존 고든

늘 같은 말이다. 감독들은 이렇게 말한다. "우리는 챔피언십에서 우승할 겁니다." 선수들은 리그 우승에 집중하고 있다고 하고, 그 다음에는 챔피언십 우승에 집중한다고 한다. 다 좋은 얘기지만 문제는 전국의 모든 사람이 똑같은 목표를 적어놓고 똑같은 얘기를 한다는 것이다. 챔피언십 우승에 집중한다고 해서 실제로 우승할 수 있는 것은 아니다. 오히려 초점을 맞추어야 할 것은 챔피언들을 키우는 일이다. 이기는 팀을 만들고 싶다면 챔피언들을 키우는 데 모든 시간과 노력을 쏟아라. 모든 팀원의 리더십과 인성, 직업윤리, 끈기, 신념, 희생정신을 키워줘라. 모든 팀원들이 훌륭한 리더, 훌륭한 사람으로 성장하게 도와라. 챔피언들은 어떻게 생각하고 행동하는지 가르쳐라. 그렇게 하고 나면 챔피언들은 옳은 일을 한다는 것과 결국에는 챔피언십에 가게 될 플레이를 한다는 것을 알게 될 것이다. 물론 챔피언들을 키워낸다고 해서 챔피언십에서 우승한다는 보장은 없다. 하지만 그럴 확률은 훨씬 더 높아지고 그 과정에서 선수들은 더 나은 사람으로 성장한다. 나는 이것이 스포츠의 목표라고 생각한다. 더 나은 사람을 만드는 것 말이다. 챔피언을 키워내는 것은 세상을 바꿀 사람들을 키워내는 것이다.

지금이 바로 그때다

마이크 스미스

우리는 누구나 세 가지 시간 프레임 속에서 산다. 매년 나는 이 개념을 우리 팀원들과 공유하는데, 성공적이고 효율적이며 건강한 팀이 되기 위해서는 모든 팀원이 각 시간 프레임에 알맞은 시간과 에너지를 써야 하기 때문이다.

첫 번째 시간 프레임은 어제, 즉 과거이다. 결과가 긍정적이었건, 부정적이었건 간에 우리는 과거의 경험에서 배워야 한다. 과거를 긍정적인 성장의 기회로 활용한다면 다른 두 시간 프레임에 분명히 도움이 될 것이다. 많은 사람들이 어제 벌어진 일을 곱씹는 데에, 그리고 그것 때문에 지금 하고 있는 일을 정당화하는 데에 너무 많은 시간을 쓴다. 과거는 미래를 위한 도약대로 보아야 한다. 과거를 추억하고 자신이 이룬 일, 또는 이루지 못한 일을 추억하느라 너무 많은 시간을 쓰는 사람들을 주변에서 보았을 것이다. 그들은 과거에 너무 많은 시간을 쓰기 때문에 미래를 만들기 위해 지금 할 수 있는 일에 초점을 맞추지 않는다. 경기는 끝났다. 실수는 이미 저질렀다. 거래처는 벌써 잃었다. 교훈을 얻고 다음으로 넘어가라. 애통해하지 마라. 더 훌륭해져라.

두 번째 시간 프레임은 내일, 즉 미래이다. 무언가를 개선하고 시대를 앞서가기 위해 시간을 쓴다면야 미래를 학수고대하는 것도 전혀 잘못된 일이 아니다. 다만 스스로 행동하지 않는 이상 절대로 일어나지 않을 미래를 공상하는 일은 없어야 한다. 또한 아직 닥치지도 않은 미래를 걱정하느라 시간을 보내지도 말아야 한다. 그렇게 불안감이 형성되면 경기력은 약해지고 팀의 사기는 떨어질 수밖에 없다. 아직 시즌을 반도 치르지 않았는데 플레이오프를 걱정하는 팀들이 너무나 많다. 미래를 걱정해봐야 소용없다. 그저 한 번에 플레이 하나, 경기 하나를 상대해야 한다.

그래서 세 번째 시간 프레임이 중요해진다. 오늘, 바로 현재 말이다. 어떤 사람들은 '현재를 살아라'라고 말하고, 존 고든은 '지금 이 순간을 살아라'라고 말한다. 더 잘 설명할 방법이 있는지 모르겠다. 지금 이 순간을 살게 되면, 바로 지금 이 순간 최고가 될 수 있는 과정에 몰입하게 된다. 팀이 오늘에 집중하고 매순간 더 나아지기 위한 일을 한다면 그런 순간들이 이어져 원하던 미래를 만들게 된다. 내가 코치로 있었던 팀들을 뒤돌아보면 가장 성공한 팀들은 현재를 받아들이고 순간을 붙잡는 팀들이었다. 그들은 미래를 향한 비전을 갖고 있었지만 현재에 에너지를 집중했다. 과거의 실수는 놓아주었고, 그 실수에서 배운 것을 바탕으로 현재에 더 나은 선택을 했으며, 그것이 미래의 더 나은 결과로 이어졌다. 우리는 세 가지 시간 프레임 모두를 활용해야 하지만, 우리가 집중하고 살아내야 할 것은 오직 한 가지 시간 프레임, '현재'이다.

머피를 찾아서

존 고든

잭슨빌 재규어스의 감독 거스 브래들리^{Gus Bradley}는 팀원들의 부정적인 사고방식을 긍정적으로 바꿔놓는 훌륭한 방법을 한 가지 이야기해주었다. 스포츠에서는 부정적인 일이 많이 일어난다. 팀이 이기고 있었는데 갑자기 쿼터백의 패스가 가로채기를 당해서 경기에서 지기도 한다. 연승을 달리다가 핵심 선수를 잃을 때도 있다. 안타깝게도 머피의 법칙이 일어나는 것이다. 뭐든 잘못될 수 있는 게 있다면, 잘못될 것이다. 그리고 스포츠에서는 뭐든 잘못되는 것도 꼭 최악의 타이밍에 벌어지는 것같다. 일이 잘못되었을 때 거스는 선수들이 희생자라는 마음가짐을 갖기 전에 상황을 보는 시각을 바꾼다. 거스는 "모든 게 환상적이었는데, 이런 일이 일어나다니!" 같은 말은 하지 않는다. 그런 말은 사기를 떨어뜨린다는 것을 잘 알기 때문이다. 대신에 거스는 팀원들에게 우리는 굉장히 나쁜 놈인 '머피'라는 놈을 찾는 중이라고 말한다. 앉아서 머피가 나타나기만을 기다리며 하루를 망칠 수는 없다. 그러니 머피를 찾아내서 엉덩이를 걷어차 주어야 한다. 머피가 자신들을 기죽이기 전에 팀원들은 정신적으로 더 강해져서 머피를 물리치는 데 집중한다. 그래서 이제 선수들은 당연히 머피가 나타날 거라고 예상은 하면서도, 우리는 머피를 무찌를 수 있다는 더 큰 기대를 가진다. 희생자의 마음가짐을 갖기보다는 영웅의 마음가짐을 갖는 것이다. 희생자나 영웅이나 모두 쓰러질 수 있지만 영웅은 다시 일어나서 신념과 끈기로 무장하고 역경을 승리로 바꿔놓는다. 이기는 팀을 만들려면 상황이나 사건을 바라보는 부정적인 시각을 긍정적으로 바꿀 수 있게 해야 한다. 팀원들이 잘못된 상황에 대들도록 도와야 한다. 그렇게 한다면 분명히 전보다 더 강해질 것이다.

압박감과 스트레스의 차이

존 고든

또 하나 내가 거스에게서 배운 교훈은 압박감과 스트레스의 차이이다. 거스는 리더가 팀원들에게 선수들의 통제 범위를 벗어난 것을 기대하면 팀원들은 스트레스를 받는다고 했다. 목표, 승수, 점수와 같은 결과에 초점을 맞추면 스트레스가 생긴다. 왜냐하면 몇 승을 거두고 몇 점을 올릴지는 내가 통제할 수 있는 것이 아니기 때문이다. "우리는 이겨야 돼."라고 말하는 것은 스트레스만 일으킬 뿐이고, 그것은 다시 초조함을 불러와 경기력을 약화시킨다. 감독이라면 절대로 팀원들에게 스트레스를 주어서는 안 된다. 대신에 압박감은 주어야 한다. 거스는 팀원들이 통제할 수 있는 것들에 대해 압박감을 주라고 말한다. 팀원들의 노력이나 직업윤리, 작전에 대한 숙지, 준비, 프로세스 기타 기본과 팀워크처럼 팀원들이 통제할 수 있는 것들 말이다. 이게 바로 존 우든 감독이나 빈스 롬바르디 감독이 취했던 방법이다. 그들의 방법을 사용한다면 팀원들은 더 좋은 모습을 보일 것이다. 리더라면 팀원들에게 압박감은 주더라도, 스트레스를 주어서는 안 된다.

경쟁한 후에는 하나가 되라

마이크 스미스

내가 함께 일해 본 최고의 팀이나 코칭스태프, 지도부는 회의나 작전 수립, 연습 때 기꺼이 서로에게 이의를 제기했다. 왜 그런 이의를 제기하는지 모두가 이해했고, 더 좋은 팀을 만들기 위한 행동이라는 것을 알았다. 이 말은 곧 가끔은 코칭 회의나 작전 수립 때 서로 논쟁하고 싸우기도 했다는 얘기다. 누구는 이 방법이 확실히 효과가 있을 거라고 믿는데 또 다른 사람은 아니라고 다른 의견을 제안했다. 우리는 이런 회의에서 일어나는 일은 절대로 사적인 감정에서 나온 것이 아니라는 것을 다들 이해했다. 기꺼이 서로 반대할 수 있어야만 가능한 모든 작전을 다 고려해서 최고의 작전을 만들어낼 수 있다. 더 좋은 방법을 찾다보면 언제나 이견들이 있고 의견을 굽히지 않는 사람도 있어서 때로는 서먹한 분위기가 연출될 때도 있었다. 하지만 쉽지는 않더라도 이런 토론은 아주 건강한 것이었고, 그 덕분에 우리는 스태프들이 가진 모든 재능과 지식을 활용할 수 있었다. 가장 많은 반대와 토론을 거친 후에야 최고의 작전이 나온 적도 있었고, 전원이 동의하지는 못했던 작전 회의 후에 최고의 승리를 거둔 적도 있었다. 중요한 것은 이것이다. 서로 의견이 다르더라도 일단 최종 결정이 나고 나면, 우리는 하나가 되어 회의에 참석했던 모든 코치가 그 작전을 수용하고 선수들을 설득했다. 코치들이 작전을 선수들에게 제시할 때는 하나가 된 모습을 보여줘야 한다. 회의실을 떠나는 순간 일주일간의 작전은 확고부동하게 정해진 것이다. 그 작전을 내놓기까지 누구나 기여할 기회가 있었으므로, 회의실을 떠날 때는 다들 그 계획이 내 것이라고 생각했다. 회의를 할 때 이런 구조를 가지면 또 하나 좋은 점은 뒤늦은 비판이나 나중에 이러니저러니 떠드는 것을 막을 수 있다는 점이다. 회의실에서 경쟁하고 회의실을 떠날 때는 하나가 되어야 한다.

운동장에서 경쟁하는 것 역시 중요하다. 연습 때마다 우리의 목표는 서로 경쟁하여 서로를 더 훌륭하게 만드는 것이었다. 그러나 실제 경기 때가 되면 우리는 하나의 팀으로 뭉쳐서 상대팀과 경쟁했다. 경쟁 후의 화합은 코칭스태프와 팀을 강하게 만들어준다.

언론에 한 목소리를 내라

마이크 스미스

앞서 4장에서는 팀원들에게 메시지를 전하는 것에 관해 이

야기했다. 여러분이 스포츠팀의 감독이든 혹은 대기업의 CEO
이든 외부로 보내는 메시지를 통제하고 소통하는 것 역시 매우
중요한 일이다. 요즘처럼 온갖 채널과 블로그, 플랫폼을 통해
일주일 내내 24시간 뉴스가 전달되는 환경에서는 오직 한 사람,
한 목소리만이 조직 전체를 대변한다는 것은 불가능하다. NFL,
NCAA, NBA 기타 모든 프로 스포츠 리그에는 선수와 코치진
이 시즌 내내, 그리고 때로는 오프시즌에도 언론의 접촉에 응해
야 한다는 규칙을 정해두고 있다. 다른 업계도 계속해서 언론과
접촉할 수밖에 없다. 오직 한 사람만 조직을 대변하게 할 수는
없겠지만, 누구나 한 목소리를 내도록 해야 한다.

　한 목소리를 내려면 우선 홍보팀부터 각종 정보와 뉴스가
수집되고 유포되는 방법을 빠짐없이 파악해야 한다. 이 부분은
계속 진화하고 있기 때문에 주기적인 점검이 필요하다. 립서비
스만으로는 안 된다. 언론 훈련 프로그램을 만들어서 어려운 질
문을 받았을 때는 어떻게 대응해야 하는지 팀원들에게 교육을
실시할 것을 강력히 권하는 바다. 페이스북이나 트위터, 인스타
그램 기타 소셜 미디어 채널을 통해 무책임한 내용을 게시할 위
험도 차단해야 한다. 무책임한 트윗 하나, 소셜 미디어에 올라
간 팀에 대한 부정적 언급 하나가 어떤 결과를 가져오는지는 다
들 보았을 것이다. 팀이나 직장과 관련해서는 무언가를 게시하
기 전에 다시 한 번 생각하도록 만드는 가이드라인이 있다면 도
움이 될 것이다. 물론 선수들이나 직원들은 각자의 의견을 이야

기할 수 있지만, 공개적으로 언급을 하면 조직을 대표하는 셈이 된다는 것을 충분히 인지해야 한다. 돌발 발언은 팀을 해칠 수 있으므로 소셜 미디어 교육은 반드시 필요하다.

한 목소리를 내려면 또한 모든 팀원이 생각을 한 후에 발언해야 한다. 누군가 의견을 말한다면 자신의 말에 책임을 질 준비도 되어 있어야 한다. '익명의 제보자' 내지는 '익명의 선수', '익명의 코치', '익명의 인사 담당자', '해당 주제를 언급할 권한이 없기 때문에 익명을 요구한 팀의 측근'으로부터 팀에 관한 정보가 새나가는 일은 없어야 한다. 보통 이런 표현이 등장한다는 것은 개인들이 팀의 이익보다는 자신의 이익을 우선하는 건강하지 못한 환경이라는 신호다. 또 리더가 문제에 정면으로 접근하지 않았고 팀이 분열되어 있다는 신호이기도 하다. 이런 위험요소는 미연에 인식하고 대응하여 문제가 되지 않게 해야 한다. 위기가 닥치고 나서야 해당 문제를 팀원들과 소통하려고 해서는 안 된다. 그때는 너무 늦기 때문이다. 문제에 사전 대응하여 위기가 아예 닥치지 않게 해야 한다. 팀을 분열시키는 것이 아니라 하나로 뭉칠 수 있는 것들을 한 목소리로 말할 수 있게끔 팀원들과 이야기를 나눌 것을 추천한다. 불만이나 문제 요소는 라커룸이나 회의실에서 다뤄져야지, 언론을 통해 다룰 것은 아니다. 미디어를 통해 문제가 해결되는 경우는 없다. 오히려 악화되는 것이 대부분이다. 일선에서 팀이나 조직에 속한 사람들을 교육하고 도와줄 전담 인력을 확보해둔다면, 문제가 터

진 후에 홍보팀 직원들이 뒤치다꺼리를 해야 하는 횟수가 줄어
든다. 또 조직 내부로부터 엇갈린 메시지가 나갈 확률도 줄어든
다. 조직의 메시지를 일관되게 내보내고 언론 교육을 실시한다
면 내부적으로나 외부적으로나 문제를 최소화하는 데 큰 도움
이 된다. 여러 사람이 한 목소리를 내면 단합된 팀을 만드는 데
도 도움이 된다.

평생 배워라

마이크 스미스

우리는 누구나 평생 배우려고 노력해야 한다. 지금은 이것이
그 어느 때보다 쉬워졌다. 기술의 발전 덕분에 정말 다양한 플
랫폼으로 전 세계 가장 훌륭한 선생님들과 가장 성공한 사람들
로부터 배울 수 있는 기회들이 생겼다. 인터넷이 연결되어 있거
나 스마트폰으로 무선 인터넷을 사용할 수 있다면 전 세계 학습
자료의 보고에 접속할 수 있다. 기회는 누구에게나 열려 있으며
이용하고 말고는 여러분에게 달려 있다. 자신의 경험에만 의존
하기보다는 다른 사람의 경험을 통해 배움으로써 언제나 스스
로를 발전시킬 수 있는 기회를 활용하라. 하지만 디지털 세상에
서 멘토를 찾을 때는 실제 세상에서 멘토를 찾는 일도 중요하
다는 사실을 잊지 마라. 코칭 업계에서 내가 정말 좋아하는 점
중에 하나는 평생 배우는 사람들이 아주 많다는 점이다. 코치

들한테는 다른 코치에게 전화를 걸어 물어보고, 서로를 방문하고, 아이디어와 성공 사례를 공유하는 것이 일상다반사이다. 사실 이런 일은 고등학교 리그보다는 대학이나 프로 리그에서 더 흔히 일어난다. 나는 리그를 막론하고 모든 코치가 뭔가를 배울 수 있는 다른 리더를 찾아야 한다고 생각한다. 이런 습관은 기업이나 학교에도 큰 도움이 될 수 있다. 세일즈 담당자가 다른 회사나 다른 부문의 세일즈 담당자를 만나서 성공 사례를 교환한다면 사업이 얼마나 성장할 수 있을까? 다른 학교의 선생님들이 모여서 새로운 기술이나 교육과정을 배운다면 과연 무슨 일이 벌어질까?

나는 업계와 스포츠계의 가장 성공한 리더들을 만날 기회가 있었고 최대한 많은 것을 배우려고 애썼다. 선생님들이나 전문가들, 동종 업계의 다른 사람들을 만날 기회가 생긴다면 스폰지처럼 최대한 많은 지혜를 빨아들이도록 노력하라. 짬을 내서 성공한 리더들에 관한 이야기를 읽고 리더십의 기술에 관해 들어라. 존 우든 감독 같은 훌륭한 리더와 마주 앉아 이야기할 기회가 없었다고 해도, 코칭이나 리더십에 관한 그의 이론을 읽는다면 그로부터 배울 수 있다. 지혜를 구한다면 이전에는 가능하다고 생각도 해보지 못했던 방법으로 두뇌를 쓰게 되는 것에 놀랄 것이다. 스스로에게 도전 과제를 주고 단 하루도 무언가 새로운 것을 배우지 않고는 지나가지 않게 하라. 전부 다 안다고 생각하는 순간이 바로 여러분의 성장과 개선이 멈추는 순간이다.

훌륭한 유산을 남겨라

마이크 스미스

내 코치님들은 부모님을 제외하고는 그 누구보다 내게 많은 영향을 끼쳤다. 나는 그동안 온갖 스포츠에서 나를 가르쳤던 코치들의 이름을 모두 다 열거할 수도 있다. 어린이 리그에서부터 사회인 농구, 내가 위니페그 블루 바머스Winnipeg Blue Bombers에서 뛰었던 때의 마지막 코치님까지 말이다. 조지 러셀George Russell 코치에서부터 레이 야우크Ray Jauch 코치에 이르기까지 나는 미식축구, 농구, 어릴 때는 야구를 하면서 배웠던 다양한 교훈들을 아직도 기억하고 있다. 이들 코치는 내게 강한 인상을 남겼고 그 인상은 평생 지속됐다. 그들 각각의 코칭 스타일과 그들이 어떻게 여러 사람을 한데 모아 공동의 목표를 위해 노력하게 만들었는지 아직도 생생히 기억한다. 항상 이겼던 것은 아니지만 우리는 팀워크와 스포츠맨십, 리더십, 겸손에 관해 소중한 교훈들을 많이 배웠다. 그리고 가장 중요한 것은, 우리가 뛰었던 경기 자체보다는 인생을 위한 준비와 여정이 더 중요하다는 것을 배웠다는 점이다.

코치라면 여러분이 접촉하는 사람들에게 여러분이 얼마나 큰 영향을 미치고 있는지 절대로 잊지 말기 바란다. 스포츠 코치가 아니라고 해도 우리 모두는 코치가 되어 주위 사람들에게 영향을 끼칠 수 있다. 누구나 각자의 방식으로 리드하고 다른 사람에게 영향을 끼치면서 훌륭한 유산을 남길 수 있다. 다른

라커룸 리더십

사람을 코칭하고 이기는 팀을 만드는 것은 인생의 승자들을 만드는 것이다. 그 어떤 동상도, 건물도, 여러분의 이름을 딴 길도, 여러분이 타인의 삶에 남기는 유산에 비할 수는 없을 것이다.

실천 항목

7가지 법칙을 활용해 이기는 팀, 이기는 조직을 만드는 방법

1. 이기는 문화를 만들어라

- 위로, 아래로 여러분만의 문화를 만들어라. 이사회실에도, 라커룸에도 문화를 개발하라.
- 문화는 모두가 만들어나가는 것이므로, 조직 내의 모든 사람이 참여하도록 격려하라.
- 여러분의 비전과 목적, 신념을 모두가 알게 하라. 그런 신념 및 태도에 걸맞게 행동하라.
- 여러분과 팀의 지향점을 찾아라. 지향점을 알고 나면 의사 결정을 내리기가 쉽다.

- 훌륭한 문화를 만들려면, 문화를 만들고, 그에 맞춰 행동하고, 아끼고, 강화하고, 그 문화를 위해 싸워야 한다는 것을 잊지 마라.

2. 긍정 에너지를 에너지를 전염시켜라

- 몹쓸 세균이 아니라 한 움큼의 비타민 C가 되기로 마음먹어라.
- 강력한 비전과 미션, 목적을 만들고 팀원들과 공유하라. 가능하다면 팀원들이 함께 그 비전과 미션, 목적을 만들게 하라. 그렇게 하면 더욱 더 적극적인 참여를 끌어낼 수 있다.
- 낙천주의와 긍정 에너지를 전염시켜라. 리더십이란 신념과 태도를 전달하는 것이다.
- 긍정적 기운을 전염시키는 팀원들을 최대한 많이 보유하려고 애써라. 팀이 긍정 에너지를 전염시키는 사람들로 채워지면 생산성과 팀워크, 신뢰가 기하급수적으로 커지는 것을 보게 될 것이다.
- 팀에서 부정 에너지를 잘라내라. 에너지 귀신들에 맞서서 그들을 변화시키거나 제거하라. 불평불만 하지 않기 정책을 시행하라.
- 조직 내 모든 사람들이 보고 느낄 수 있게 열정을 가지고

리드하라.

3. 일관성을 유지하라

- 이기고 있을 때나, 지고 있을 때나 한결같은 리더가 되어라. 고난과 역경이 있어도 원칙과 철학을 고수하라.
- 행동의 일관성을 유지하면서 개선하고 성장하기 위해 분투하라.
- 팀 내에 현실 안주라는 병폐와 싸워라. 과거는 잊고 매년 새출발을 하라.
- 안일한 태도의 조짐을 찾아라. 팀원들이 결코 과거의 성공에 안주하지 못하게 하라.
- 부단한 개선에 초점을 맞춰라.
- 언제나 겸손하고 갈증을 느껴라.

4. 소통하라

- 단체로, 그리고 개별적으로도 팀원들과 자주 소통하라.
- 소통에 공백이 생기면 부정적인 것들이 그 자리를 채운다는 것을 기억하라.

라커룸 리더십

- 팀원들에게 귀를 기울여라. 질문을 하고 진심으로 들어라. 많은 것을 배우게 될 것이고 훌륭한 관계와 신뢰가 구축될 것이다. 나아가 새로운 아이디어와 더 나은 방법을 찾게 될 수도 있다.
- 매일매일 사람들과 건물 내의 온도를 재라. 돌아다니며 질문을 하고, 듣고, 관찰하라. 팀을 긍정적인 방향으로 리드하는데 도움이 될 중요한 정보들을 얻게 될 것이다.
- 중요한 메시지를 팀원들에게 자주 반복하고 강조하라. 팀원들이 거의 짜증이 날 정도로 자주 이야기하라.
- 조직 내 모든 사람과 모든 리더가 같은 메시지를 공유하고, 그 모범이 되게 하라.
- 외부 목소리를 활용해서 팀원들에게 메시지와 테마를 강조하라.
- 바쁘고 스트레스를 받으면 소통과 관계가 무너질 수 있다는 것을 의식하라.
- 소통이 협업을 낳을 수 있는 소통의 구조를 만들어라.

5. 끈끈한 유대감을 키워라

- 끈끈한 팀을 만드는 것이 여러분이 할 수 있는 가장 중요한 일이라는 것을 알아라. 팀원 개개인의 재능이 뛰어나지

않아도 팀워크는 재능을 이긴다.

- 전략전술은 과대평가되어 있다는 것을 기억하라. 여유를 가질 시간을 만들고 팀원들과 관계를 쌓아라. 시간이 지나면 이기는 것은 '문화'와 '관계'다.

- 팀원들이 기술을 쓰는 대신 의미 있는 관계를 맺도록 도와라. 그렇지만 한편으로는 기술과 문자 메시지를 활용해 소통을 보강하고 격려를 나눠라.

- 팀원들이 서로를 알아가고 튼튼한 관계를 맺게 되면 그저 '같이 일하는' 사이가 아니라 '서로를 위해 일하는' 사이가 된다.

- 팀 강화 훈련을 활용해 팀원들 간에 의미 있는 이야기와 감정을 공유하라. 그러면 마음은 열리고, 벽은 허물어지고, 약점은 끈끈한 유대이자 강점이 된다.

- 사적인 차원에서도 관계를 쌓아라. 건물 밖에서 교류할 수 있는 방법들을 찾아라. 그러면 건물 안에서도, 경기장에서도 더 끈끈한 팀이 될 것이다.

- 유대관계를 유지하라. 관계가 튼튼하다고 지레짐작하지 마라. 동료 리더들 및 팀원들과의 관계는 지속적으로 돌봐야 한다.

라커룸 리더십

6. 헌신하라

- 훌륭한 리더, 코치, 팀원이 되려면 단순히 '참여'하는 것만으로는 안 된다. '헌신'해야 한다. 여러분이 팀원들에게 헌신한다는 것을 알아야, 그들도 여러분에게 헌신할 것이다.
- 조직 내의 그 누구보다 많이 헌신하라.
- 사람들이 나의 헌신을 느낄 수 있게 리드하라.
- 나의 헌신을 팀원들에게 행동으로 보여줘라.
- 짬을 내서 팀원들을 더 훌륭하게 만들어라. 팀원들을 훌륭하게 만드는 데 집중하면 여러분 자신도 더 훌륭해진다.
- 팀원들에게 봉사할 기회를 찾고, 팀을 우선시하라. 훌륭한 사람만 봉사할 수 있는 것은 아니지만, 봉사하지 않고 훌륭한 사람이 될 수는 없다.
- 자존심을 버려라. 남 탓을 하기보다, 문제가 내 것임을 자처하라.

7. 관심을 가져라

- 관심의 문화를 만들어라. 팀원들에게 관심을 기울이면 경기력이 훨씬 높아질 것이다.
- 각 팀원을 숫자가 아닌 사람으로 소중히 여겨라.

- 거래 지향 리더가 아닌 변화 지향 리더가 되기로 작정하라. 엄하게 사랑하라.
- 팀원들에게 관심을 보여라. 각 팀원이 조직 내에서 하는 역할에 개별적인 관심을 기울이고 그들이 성장하게 도와라.
- 관심을 가진 사람들로 주위를 가득 채워라.
- 서로에게 관심을 갖는 팀을 만들어라.
- 나만의 '관심의 징표'를 만들고 공유하라.

코칭의 마법

- 오늘날의 리더는 자신이 이끄는 사람도 코칭해야 한다는 것을 깨달아라.
- 내가 이끄는 사람들을 코칭함으로써 더 많은 리더를 키우는 데 초점을 맞춰라.
- 내가 이끄는 사람들의 비전과 목표를 물어보고 그것들을 이루는 데 내가 어떻게 도울 수 있을지 물어보라.

인성의 중요성

- 인성이 없이는 이기는 팀을 만들 수 없다는 것을 깨달아라.
- 인성과 재능을 모두 갖춘 팀을 만들어라.
- 팀원들의 인성을 계속해서 개발하라.

라커룸 리더십

성공하는 조직은 뿌리부터 진화한다

1판 1쇄 발행 2016년 7월 15일

지은이	존 고든, 마이크 스미스
옮긴이	이지연
펴낸이	전길원
책임편집	김민희
디자인	최진규

펴낸곳	리얼부커스
출판신고	2015년 7월 20일 제2015-000128호
주소	04593 서울시 중구 동호로 10길 30, 106동 505호(신당동 약수하이츠)
전화	070-4794-0843
팩스	02-2179-9435
이메일	realbookers21@gmail.com
블로그	http://realbookers.tistory.com
페이스북	www.facebook.com/realbookers

ISBN   979-11-955880-3-9 03320

이 도서의 국립중앙도서관 출판예정도서목록(CIP)은
서지정보유통지원시스템 홈페이지(http://seoji.nl.go.kr)와
국가자료공동목록시스템(http://www.nl.go.kr/kolisnet)에서 이용하실 수 있습니다.
(CIP제어번호 : CIP2016015337)